資深心理諮詢師
張沛超——著

過好一個你說了不算的人生

未必事事如意，
依然天天開心！
現代人必修的
自在心理學42講

Enlarge your mind, embody the world.

方舟文化

第三章 對原生家庭進行精神分析

第四章 六步修復原生家庭結構

第五章 七情與自在

第六章 六欲與自在

第七章 心理困擾與自在

推薦序

活出自在況味的天才人物

資深心理諮詢師、心理學暢銷作家　**武志紅**

有一種人，是可以學貫中西古今的。這種人，我們稱之為天才。張沛超，是中國心理諮詢界的天才。

有人是理性的天才，學識讓你佩服得五體投地，但近距離接觸他時，你會擔心他好像只活在頭腦和思想中；有人是感性的天才，他們對事物的感知力，以及在生活中的真實與通透，讓你不由自主地喜歡他們，但他們好像不能把這些感性的素材，很好地編織到理性思維的世界中。

張沛超是我見過的、少有的理性天才與感性天才都兼備的人。本來每個維度能稱為天才的人，已屬罕見，而這兩個維度都可以稱為天才的人，就更難得了。

邀請張老師到我們平臺開課時，我們曾商量，該如何定選題。談話中，他說的一句話很觸動我：「太多人有很好的社會功能，但他們自己很不舒服，因為他們的自體在蜷縮著。」

所謂自體，對應的英文即 self，可以直觀理解為自我，但翻譯成自體，指的是像生命體一般的自我。怎麼判斷一個人的自體是蜷縮著的?特別是,怎麼判斷自己的自體是這樣的?這個標準非常簡單,就是一個人是否自在。

張沛超老師就是一個很自在的人,這也許是比他的學識更醒目的一種感覺。所以最終決定請張老師來講講,一個不夠自在的人,如何能活得自在一些。

這絕不是一個小議題,而是一個根本話題。張老師會圍繞著這個話題,從各個層面去展開論述。在這本書中,你會看到他的理性天才和感性天才的味道。特別是他的那份自在,在他的講述中,會自然而然地流露出來。也許你也能感受到,這份自在,並不多見。

自序

一起走過，這段自在之旅

作為一名工作超過十年的心理諮詢師，我出生在河南，在武漢讀書和工作了十一年，現於深圳獨立執業。

我一開始學的是生物學，碩士讀的是心理學，碩士畢業後在一家心理醫院從事心理治療的工作，後來又回母校武漢大學，讀了哲學專業的博士。博士畢業之後，我就到了深圳發展。作為一名諮詢師，我的來訪者在十歲到六十六歲這個區間。雖然是八〇後，但我也算得上是經驗比較豐富的臨床諮詢師了。我的求學、諮詢經歷與此書所討論的內容是有關係的。

為什麼要創作這本書呢？

本書內容來自我在一個平臺上所講授的一門課程。很多朋友經常問我：「如果我不能在你這裡接受諮詢，那麼我應該如何透過你來幫助我自己呢？你看了那麼多有心理困擾的人，有沒有一些系統的想法，來讓我們可以有一個反向操作、避免困擾的機會？」

首先是我的朋友們，他們對我有這樣的期待。其次，就是一些朋友的朋友，他們知道我專門做心理諮詢與治療，所以相比較他們的朋友而言，我在這方面應該更有發言權。

其實這樣的想法已經持續了很久，每次當我想回答他們問題的時候，我總是在想：普遍性的東西，其實我心裡是有的。你看到一個人或者是很多人，他們用無數種方法作繭自縛，或者把自己的人生過得很糟，那麼我們就知道，如果沿著他們的這些路繼續往前走，肯定是會不自在的，甚至會走到一條絕路上面去。

錯誤當中其實藏著很多智慧。如果我們能夠有一個反向操作、引以為鑒的思路，能夠規避這些錯誤和風險，那麼其實我們的人生會很自然地漸入佳境，逐漸獲得一個自在的心境。

我這本書的中心思想是自在。我們知道，「自在」這個詞其實它可大可小，一些高僧大德他們可以說獲得了大自在。這種大自在對於我們這些在俗世生活的人而言，很多條件都是不具備的。我在這裡所講的其實是一個小自在的說法。

以往很多心理學和心理治療的重心，在「自我」上面放得有點過了頭。實際上，最終我們也變成了自我的奴隸。從自我到自在之間，其實有一條很長的路。

在這裡我倒不是說自我這件事情不重要，其實很多時候我們在臨床上從事的就是一個修補自我、重新發展自我的過程，但我不認為它是終點。如果你把它視為終點的話，那麼這樣一條路有可能會變得很窄，甚至越走越窄。

所以我希望把自己這十多年來，與青少年、中年人，甚至部分老年人的工作經驗，提煉出一個系統來。這個系統就是以自在為核心，用自在來成就自我、克服自戀，幫助大家在各種各樣的生活景況當中，比方說工作職場、家庭、一些社會圈子裡邊，能夠適應得更好，而且又不會有太大的內在衝突。

從這個角度來說，我覺得這本書的適用人群是非常廣的。甚至所有人看了這本書後，哪怕他們並沒有百分之百地去應用，我相信也會從中有所獲益。

為什麼呢？儘管這本書是由我來寫的，但其實我是我的來訪者的「學生」。他們毫無保留地告訴我什麼叫作使自己過得越來越不自在，什麼叫作自我設限、自我設阻，什麼叫作使自己成為某些看不見的力量的奴隸。

其實他們有很多沾滿了眼淚的故事，有些不僅僅是眼淚，甚至是沾滿了鮮血。我相信他們願意告訴我這些故事，或許在內心的深處也傳遞出一種想法：如果我在這些人生遭遇中得到什麼的話，其實就是我在其中所獲得的智慧。我也希望別人能夠盡早從這些牢籠和陷阱裡邊走出來。

當一個人獲得了自在，哪怕是小自在，其實是非常受益的。一個自在的人會自然而然地使身邊的人自在起來。有些時候，大家在一個群體當中，不知道怎麼的可能就會引發一個過程：我們都把自己不自在的部分投到這個團體中來，最終這個團體變得令人非常難以忍受。

其中一個比較典型的團體就是家庭。有時候，我們真的會讓家庭變成一個隨時可以傷人的東西。但是我的解決之道並不是簡單地去離開這個家庭，因為獲得小自在的人也有在家庭當中自在的能力。

一些人在諮詢的時候會問我：「張老師，我究竟要不要離婚？我究竟要不要換工作？」很多時候我不會提出任何建議，因為這些想法背後其實包含了很多來訪者不知道的東西。儘管他不知道，但是他受這些東西的影響。所以說，總的藥方其實只有一個——不斷地覺知。

說到覺知，你可能會想：我要覺知什麼？覺知是一個很抽象的東西。其實在臨床的心理諮詢與治療當中，有很多可以促進覺知、深化覺知的技術。這些技術其實不僅僅適用於遭受嚴重心理困擾的人群，它其實對於正常人也可以作為一種心理保健的方法。我在這本書中不光會提供一系列的新視角，也會提供一系列的工具包，但願能夠使此書真正變成一門通往自在的自助課程。

當然，前提是我們想要自在。我想，大家只要被這個詞所吸引，肯定是遭遇了一定程度的不自在。這些不自在可大可小，可能是一些青春期適應性的問題、一些職場方面的障礙，或者是婚姻和家庭當中的不愉快，又或是一些中年危機。這些問題的背後其實可以用一個詞來形容——不自在。

我們想追求自在，其實是存在思路的。這些思路就是我要在此書中給大家一一呈現的。

首先，非常影響我們自在的是我們自己的家庭。我們原先的家庭叫作原生家庭，在原生家庭裡，很多東西的確是影響了我們的情感，影響了我們的願望，影響了我們的價值觀。我們會把很多從家庭當中習得的東西帶到社會當中，帶到職場裡，帶到新的家庭當中來。

第二個其實就是我們的情緒和欲望的體系。我們如果想不受制於家庭，你可能會想：這樣好辦，只要我不成家，或者離我的原生家庭盡可能遠一點，這樣的話，我是不是就能夠獲得自在呢？結果你會發現，有一些人離家已經很遠了，可能有半個地球那麼遠，但他仍然生活在很多的衝突裡。在這個時候，其實是由於他內在的情緒部分和欲望部分仍然處於未知當中。我們對自身情緒和欲望未知的程度越高，它們對於我們日常生活中行為的影響其實就越大。俗話說，「明槍易躲，暗箭難防」。

我們要在這個世界當中跟周圍的人互動，就要做到知己知彼。很多時候我們「知己」的程度越高，其實我們「知彼」就會變得越來越輕鬆。

那麼，對於我們自己而言，所要瞭解的非常重要的東西是什麼呢？其實就是我們的情緒系統和欲望系統。我自己在臨床諮詢過程當中，對這些情緒和欲望的系統做了一番梳理和總結。這裡有我個人的一些思考，所以除了精神分析和人本主義心理學，也包含了我對中國傳統文化，比方說儒釋道的一些思考和實際的修習。

這些內容其實可以幫助我們學會：如何透過認知自己的情緒，從而可以悅納自己的情緒；從被我們的欲望所指使，到變成我們欲望的主人。這樣一來，我們其實就在內外兩個方面有了自在的前提。

有了內外兩方面的前提之後，如果我們的確還是遭遇了一些心理方面的困擾，我還會介紹一個模型來幫助大家。這個模型是我在臨床當中不斷總結所發現的，叫作ＡＢＣＲＳ模型。至於具體內容，我在這裡要先賣一個關子。

在最後，其實就是我們對於自在要有一個良好的願望。我們需要在自己生活當中的每一天逐漸培植這樣的願望，無論在順境還是逆境當中，這都是非常重要的。

當你內心有了對自在越來越強烈的追求，這個追求便會使心發生轉向。當你轉向自在的時候，你會發現你的心其實已經不一樣了。

希望大家和我一起走過這一段自在之旅。

第一章

苦與自在的心理哲學

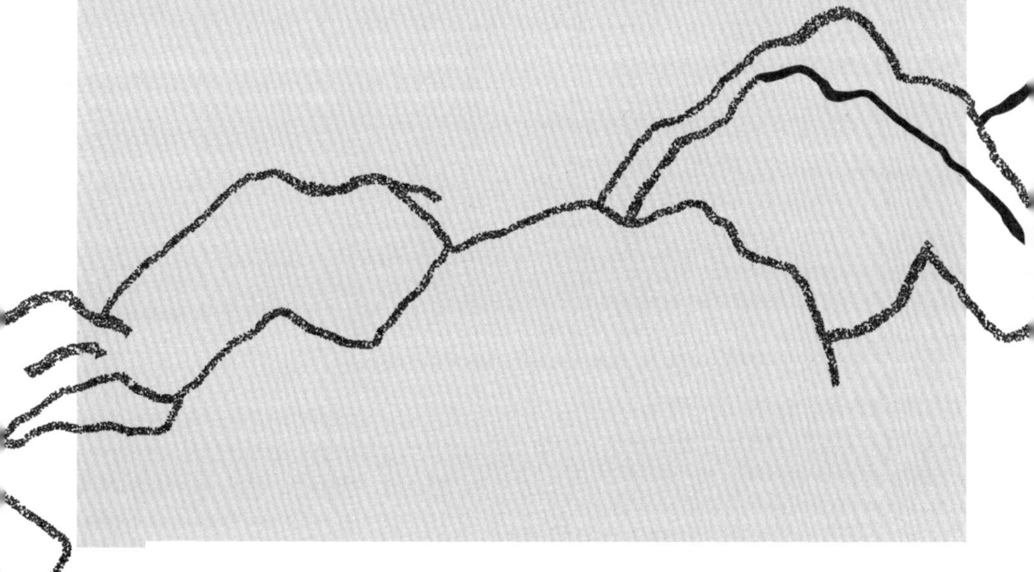

01 過好一個你說了不算的人生

#1 即使我們的生活總在被他人影響，但仍然有活出自在人生的可能性。

#2 一個人的想法、價值觀、應對生活的態度和風格，其實在他意識到之前，都已經在那兒了。

#3 路徑依賴效應，是指原來你的心受到一種影響，而有了一種選擇的傾向性，後來的生活就會持續地加強這種傾向性。我們可以看到一個人的原生家庭對他的影響是相當大的。

#4 蘇軾不僅是政治家、文學家，也是一個過著自在人生的典範。

我不知道是哪個字眼吸引大家閱讀此書，是不是「自在」這個詞呢？還是「過好一個你說了不算的人生」呢？其實這兩方面都是一樣的。

我自己的職業是心理諮詢師，在這個職業裡我已經工作了十一個年頭，所以大家可以想像，在這過程中肯定遇到了很多很多不自在的人。

如果我們想持續地工作下去，那也就意味著我們肯定要有把不自在轉化成自在的能力，或者說能夠在不自在當中安在的能力。所以，我就想把自己在臨床當中以及生活體驗裡的一些感想分享給各位。

寫這本書的目的本來就是要讓大家稍稍自在一點，如果我在一個很不自在的情況下去講述，哪怕內容看起來是有所幫助的，這樣的一個背景、這樣的一種情緒可能依然會使人感到不自在。所以，想到這些之後，我自己也就放寬了心。我覺得這個訣竅似乎已經找到了，那就是我盡量在一個相對而言比較自在的情況下，把內心想說的話分享給各位。哪怕不能非常及時地收到讀者朋友的回饋，但是希望這會帶來一種反思式的對話。

我在機場的書店裡看到了武志紅老師的新書。如果我沒有記錯的話，書的名字就叫作《擁有一個你說了算的人生》。坦率地講，我的第一反應就是：真的嗎？我覺得自己說了算這件事情，真的是太不容易了。

我的生活有多少是我自己說了算的？如果要確認一下，得好好地盤一盤。其實答案倒是挺嚇人的。你自己可能覺得是自己說了算的，回頭仔細看一看，那不一定哦。我們的頭腦裡充滿了別人的想法，我們的耳朵裡也充滿了別人的聲音，我們的心裡可能也裝了很多別人的情緒，如何叫我們自己說了算呢？

於我而言，一個本能的反應就是覺得自己說了不算。是不是這一點會讓大家感覺到我應該是一個蠻悲觀的人呢？對此倒是可以比較坦率地承認，我是一個悲觀主義者，但是一個積極悲觀主義者。第一，其實我覺得人生不是用「算」來解決問題的。當然有些人會比較迷信，就想要把機關算盡，這樣可能會獲得一時的成功。由於我的來訪者也會有很多成功人士，所以看到過這樣的情況。這樣的一種「算」，在他們人生的某些階段的確發揮了作用。所以，它會給人甜頭，人們就會覺得我要算，我不光要計算，我還要算計，我要自己說了算。

第二，就是我們自己其實也不大經得起盤查。在心理諮詢與治療的立場上，一個人的想法，一個人的價值觀，一個人應對生活的態度和風格，其實很多時候在他意識到之前，或者在他想算一算之前，都已經存在了。

我想說的是你可以用原生家庭的理論來理解這一點，在這一點上我和武老師的見解是一致的。現在你也能夠在網路上看到有些人，他們努力地要反對原生家庭的影響，也寫了一些文章，看起來似乎頗有證據。我雖然不能說這些反對的人一定是空口無憑，但是作為一個心理諮詢的臨床工作者，在我看來，一個人的原生家庭對他的影響仍然是相當大的。

這種影響可以用路徑依賴效應來解釋：原來的時候，你的心受到一種影響，而有一種選擇的傾向性，你後來的生活就會持續地加強這種傾向性。在你能夠認識到它之前，其實這裡頭有一大筆帳，這個帳倒是真的應該好好算一算。

我自己的日常工作說直白一點，大概也是幫助別人算帳，算人的一些負資產。為什麼他覺得不幸福、不自在？這是由於他有很多的負資產。有時一個人儘管是賺了一些東西，但是需要填的坑是個「無底洞」，不管填多少，也還是一無所有。填的坑裡什麼都沒有，所以他就會持續地感覺到不自在、空虛，感覺自己並非生活的主人。所以，在這方面來看的話，我跟武老師的這個出發點應該還是一樣的，只不過我們對「算」的理解不一樣。

我們知道有一個詞叫「大自在」，有一些得道高僧，當他們圓寂的時候就會有「得大自在」這種說法。大自在，實在是太難得了，我本人倒是希望得到，但是看起來希望不大。那麼大自在能不能有一些弱化的版本呢？比方說小自在，我覺得小自在我們還是可以追求的。

哪怕你的人生不是你說了算，甚至你覺得是爸媽說了算，或者你的配偶說了算，或者你的老總說了算，仔細看一看，他們說了也不一定算。哪怕我們世間有如此多的說了不算，如此多的不自在，我覺得從一個積極悲觀主義者的角度來看，這個人生仍然值得一過，也仍然能夠過好。

每當我想起「自在」這個詞，一個人物馬上就會浮現在我的腦海裡。最近這些年好像他也變得熱門，如果你關注微信朋友圈，你會發現他的名字，他的詩隔幾天就會有。每次我只要遇到，都會閱讀並轉發，轉發的時候加上三個字：「俺蘇神」。對，沒錯，他的名字叫蘇軾或叫蘇東坡。

我猜想他應該是得大自在了。無論是從儒家的角度，從佛學的角度，還是從道家的角度看，他很有可能都打通關了。這種境界不是我們算計算計就能到的，但是我們可以從這個人身上獲得借鑒。

他的人生跌宕起伏的程度足以使很多人想放棄生命。他最高的官職可以說是副國級幹部[1]，最低的好像只到副科級。不僅如此，還被一貶再貶到惠州、海南。以前的惠州和海南，可不是今天這般好玩的地方，在當時可以說是「十來九死」。

在他的一生當中，很多時候其實都是自己說了不算的。他很小的時候，他的父親就出來遊學了，他像是一個在早年就沒有父親的孩子。但是他的確得到了比較好的家庭教育和早期教育，然後去趕考，還考得相當不錯。

從「順」的角度來說，他的確受到很多賞識，有很多朋友。從「逆」的角度來說，他的政見可能會有政敵反對，甚至要取他的性命。所以，他的一生完全不能說自己說了算。但是他每到一個相對而言比較糟糕的處境的時候，他總是能夠過出滋味。當我講到這個的時候，真的是想到了「滋味」這個詞。這裡面有東坡肉的滋味，有荔枝的滋味，有生蠔的滋味，這些東西跟蘇軾都有關係。我最喜歡的一種茶壺叫石瓢，也是蘇軾發明的。

好像不管情況怎麼糟糕，他都有隨時隨地獲得小自在的能力。古往今來的所有聖賢當中，這一點我是最羨慕、最佩服的，非常慶幸這個世間居然有這樣的一個人來到過。我們不能說這個人完美，我們也不需要他是完美的，但是他在一生當中能隨處自在，這點很多人難以做到。另外，還有些自在的人不是我們文化背景下的，我們借鑒起來也不是很有代入感。

蘇軾有一本著作叫作《東坡易傳》，《東坡易傳》是他為《周易》所做的注解。在《易傳》當中，能看到蘇軾內心其實還是有蠻多苦和愁悶的。但即使在他內心有這麼多苦和愁悶的情況下，他也仍然保持豁達的心態，過著自在的人生，這對周邊的人來說也是一個很好的榜樣。

在此我非常誠摯地把我的這位精神偶像介紹給各位，正是他給了我與大家分享自己的小自在體驗的勇氣。當然了，這並不是要求一定要去看他的書，這可能會把自己弄得不自在。想追求自在，最後變得不自在，想自己說了算，到頭來有可能自己說的一點都不算——我們要提防這樣的陷阱。這句話既是我分享給各位的，也是說給自己聽的。

1 編註：「副國級」與「副科級」為中華人民共和國公務員之領導職務層次，前者次高，後者最低。蘇軾的官職最高至兵部尚書，位階上僅次於宰相；最低為黃州團練副使，相當於地方政府局處級別副職。

02

人生有哪三種苦

#1 求而不得之苦。別人有的我沒有，我想得到。這樣的想法就形成了一種心理的欠缺感。與他人比較，會知道自己原來有那麼多東西沒有得到過。這時就形成了一種心理上的落差，這個落差其實也可以視為某種比較小的心理創傷。

#2 得而懼失之苦。自己的好東西，會想方設法留住，害怕失去。很多東西都岌岌可危，它們會或早或晚離開你。這個時候你對它們可能會與你分開的這種憂慮就會占據你的生活。

#3 失而懷念之苦。與好的東西分離後，持久的思念會讓我們產生苦的感覺。對於喪失的東西，我們能夠比較好地「哀悼」，就可以與其保持一種持久的關係。一旦有這樣的關係，就可以克服喪失帶來的苦了。

我們先來談談「苦」這件事情，也就是酸甜苦辣的苦。為什麼要談論這個話題呢？這與這本書的總體定位是有關係的。

我對這本書的定位是涼茶，而且這個涼茶不屬於比較流行的王老吉之類的這種大眾飲品，相對來說是比較傳統一點的。

涼茶在兩廣地區有很深厚的群眾基礎。雖然不一定是每個人每天都需要喝，但是有些時候真的管用。我們講的自在，其實就像涼茶一樣。它不一定非常甜美，聞起來不一定非常芬芳，喝起來也不一定很酷，但是喝了之後可能會有一點點自在的效果。

涼茶一般來說都是苦的，有很苦的，也有一些相對來說沒那麼苦的。由於我的家族是做中醫的，所以略通醫理。到了嶺南，就在深圳這個地方，一開始每到梅雨季節，當地叫「回南天」，身上就容易長一些包。我給自己取一些中藥來吃，會有一點效果。但是後來我發現飲用本地的涼茶，效果非常明顯。一方水土養一方人，一個地方的人的不安寧、不自在的現象，可能要透過本地的一些資源才能夠比較好地對症治療。所以，我希望這本書能接地氣。

我是一個中國人，而且作為心理諮詢師，接見的來訪者大多都是中國人，所以我對於中國人心理的理解是相對比較深厚的。心裡的難受，其實都是苦。就像涼茶不管怎樣調，它的基底的味道一定是苦的。我們的內心世界，也有很多這種基底的苦，一般來說分成三大類，基本上就比較周密了。

第一種苦叫作沒得到的，就想要。大家想想，我們日常生活當中有多少沒得到而想要的苦呢？我們現在想要的東西比以前複雜好多，你只要一打開手機，別人是怎麼生活的，別人的吃穿用住都是什麼，最近有什麼新的牌子上市，這些其實都在牽動著我們的心。其實就連別人聽了什麼課，最近有什麼新鮮的課程，只要我沒有的，都會想要。這樣的「想要」，就形成了一種心理的欠缺感。

我們在前文中不是提到蘇軾嗎？蘇軾要是活在我們當代，說不定他就沒那麼自在了。他自己畢竟曾經生活得比較富裕，所以在那個時代能夠有的享受他是見過的。既然見過峰頂，享受過那些最好的，那麼忍受那些沒那麼好的，就會容易一點，不會那麼想跟周圍的人攀比。要是擱現在，他可能會比宋朝的時候知道的多得多。愛攀比是我們的天性，他內心想獲得跟那時候一樣的自在就不容易了。

我們在臨床上也會見到很多事例。有時候倒不是說你一覺得有什麼欠缺的，就會馬上形成一種心理上的不自在。在當下如果你過得不好，由於你也不知道別人的生活好在哪裡，其實還比較好忍受。就像有些青年，他們上大學之後，到了大城市生活，這時候一比較才知道自己原來有那麼多東西過去沒有得到過。這就會形成一種心理上的巨大落差，這個落差也可以視為某種比較小的創傷。

我們追求很多東西，有時會誤以為這真的是我想要的。我想要成功嗎？在這個社會當中，成功有很多標籤，如果你沒有這些標籤，誰會認可你是一個成功的人呢？所以，所有的廣告都在告訴你：「你是不足的。你這個沒有，那個也沒有！如果你有了我的這個產品，你將會感到怎樣怎樣。」

我們在自己的無意識裡就會形成很多這樣的條件陳述式：如果怎樣怎樣，我將怎樣怎樣。這樣的語句，有時候就像魔咒一樣，它們會接管我們的頭腦，會讓我們誤以為自己想要的人生真的是這個樣子的。

我在武漢求學的時候，大家的生活都差不多，所以不會感覺到成功一定要怎樣怎樣。到了深圳之後，貧富差距比武漢要大很多，在這時候就會想：如果我怎樣怎樣，我將怎樣怎樣。因為我接觸到很多來訪者，他們比我有錢得多。但是與這樣的來訪者群體工作一段時間後，我對於「如果很有錢，生活將怎樣怎樣」的這個想法，其實就鬆動了。你會發現即使很有錢，很有資源，他們在第一種苦，「求而不得」這方面也不少於此時的你。

所以，我們其實在內心可以算一算第一種苦：我想得到什麼？如果我得到了，我將會怎樣？

第二種苦就是你已經得到了，但是你害怕失去。我不知道這句話是誰說過的，但是我經常會引用：「你有的東西，它們也在『有』著你。」如果你有很多房產，你其實是要打理的，你不能任由它們在那裡空著，對不對？如果你有很多錢，你肯定要思考理財的問題。如果你有很多資源，你要想方設法地去維護。如果你聰明、健康又美麗，那你一定不希望失去它們，對不對？你會有一種壓力，要使自己持續地聰明，要不斷地學習，掌握這些屬於聰明人的標籤，這樣的話，在別人眼裡才是一個不掉隊的人。如果你健康，你一定要持續地保持健康，你要經常在朋友圈裡曬一曬，我正在享受著非常健康的生活方式。如果你有美貌，那你要小心了，很多人都在乎你的美貌。如果你不保持好它，那你在其他人心目當中可能慢慢地就會貶值了。

所以你有的東西，你都會擔心失去它們。我們在青年時期其實並不這樣覺得。從青年到中年，尤其是在中年到老年的過渡期，就會感到很多東西都岌岌可危，它們或早或晚都會離開你。這個時候你對它們可能會與你分開的這種憂慮就會占據你的生活。這是一種苦。

第三種苦，我相信大家不難推理出，那就是已經失去了，但是你有思念之苦。就像賣火柴的小女孩想起在天堂的奶奶，這就是一種苦。講到這裡的時候，人們可能會想到很多自己已經喪失了的好東西。

如果喪失的東西，我們能夠比較好地哀悼，這種哀悼是一個健康的心理行為。這裡的哀悼[2]，不是日常術語當中的哀悼，而是精神分析裡佛洛伊德特用的哀悼。

如果你能夠比較好地哀悼，你就可以與喪失的人或者物保持一種持久的關係。一旦有這樣的關係，你就可以克服喪失帶來的苦了。但是，如果這個過程沒有正常發生，那我們的生命就會被已經喪失的東西所抓住。比方說憂鬱，憂鬱的人看起來沒有生命活力、死氣沉沉，甚至真的會有一些自殺的想法。從精神分析的角度來看，憂鬱可以說是與喪失的人發生了認同：我最美好的東西已經不在了，如何在想像當中繼續擁有這些東西呢？那就是我本人也要變得死氣沉沉，這樣的話，才能夠保持與已經喪失的人相連結。

這種病理學很深刻。你看我們的苦，我們心理上的煩惱、不安、不自在，仔細想一想，這些苦其實是會落到這三個範疇裡的：**沒有的，想要；已經有的，怕丟；已經丟了的，懷念、想念。**

如果想獲得小自在，我們一定要認清自己的這些苦。

---

2 精神分析的理論中，哀悼構成了成熟的核心標準。不能哀悼被視作憂鬱體驗和痛苦的核心。哀悼是分離和永別的過程，在這個過程中我們可以療癒喪失感，一種簡單的形式是在心中對失去的人或物說：「謝謝你給我帶來這些深刻的體驗，現在我可以跟你說再見了。」哀悼被理解為一種創造性的關係過程，與「逝者」產生一種新的、愛的關係。生活中常見的祭祖，就是哀悼的一種表現形式。

03

四種遠離苦的方法

#1 離苦得樂。我們總是希望有盡可能直接的方法解決苦惱，這個思路不假，但是裡頭有陷阱，最好要瞭解清楚我們的苦惱是內在何種力量失衡的表現。

#2 苦中作樂，不是忍，它的前提是我們知道苦是一種訊息的傳遞。各種不安有一種報信的作用，這有利於我們未雨綢繆，及時做出一些調整。

#3 以苦為樂，不是受虐。我們之所以覺得負面情緒難受，無非也是因為我們太貪戀所謂的正面情緒。有些正面情緒也不一定是自己真的喜歡，更像是一種從眾心理。

#4 不苦不樂是一種大自在的狀態。

你們看完第二節是不是感覺這涼茶可能藥勁有點大，怎麼說來說去好像把人生說得這麼悲觀？大家不要擔心，在前文中，我已經寫了，我是積極的悲觀主義者。**哪怕世間有種種不自在，種種自己說了不算的事，我們還是有過好這一生的思路和方法的**。

我們講完三種苦，這一節跟大家分享四種離苦之道。很好，方法比困難還要多出一種。第一種叫離苦得樂，第二種叫苦中作樂，第三種叫以苦為樂，第四種叫不苦不樂。

第一種，很好理解了。如果大家被我這本書所吸引，大致可以猜想可能是有一些不自在。想把這種不自在變成自在，那不就是離苦得樂嗎？

一般來說，找到心理諮詢師的人，都有些這樣的想法：我要盡快離開這種煩惱的情緒、沒那麼開心的人際關係、令人感到壓抑的環境、生活當中的逆境，或者比較糟糕的家庭。內心當然是希望沒有這些困擾，所以**離苦得樂**或者離苦求樂，這是一個很常見的思維，沒有什麼問題，大家都是這樣。如果發燒了，「燒」就是苦，如果退燒退得快，就很快樂了。我們都希望有盡可能直接的方法來解決苦，這個思路本身並沒有問題，但是這裡頭有陷阱。

俗話說，「病急亂投醫」，很多時候一種精神或者心理上的痛苦，儘管在現代的精神醫學看起來它是一種症狀、障礙，但是從傳統醫學的視角來看，那個症狀其實只是一種表現而已。如果，你不知道它是內在何種力量失衡的表現，而只是對症把這個苦給幹掉了，說不定會有其他的麻煩。

比如臨床上會看到一些特殊恐懼症，有些來訪者本來是覺得A恐怖，我們經過一番疏導、調節，他覺得A不恐怖了。過一陣子，他又覺得B恐怖，我們再把B幹掉，他有可能會覺得C恐怖。如果你只是想離苦得樂，這個苦可能會捲土重來。所以，重點還是要看一看這樣的苦是不是在傳遞著某種訊息。如果這個訊息沒有被正確理解，那真是一苦未平，一苦又起，這樣是很難感到自在的。

於是我們有了第二種思路——**苦中作樂**。這時候你要鍛煉你的心智，讓它對苦有些耐受力。當我們說耐受力的時候，要注意我們並非鼓吹一種日常生活當中所提倡的忍耐、忍讓。「忍」字頭上一把刀，咬牙切齒的話，是難以苦中作樂的。

苦中作樂的前提是，我們知道這個苦是一種訊息的傳遞。從這個意義上來說，它不是什麼純粹壞的東西。這種不安有一種通風報信的作用，這有利於我們未雨綢繆，及時做出一些調整。這就像是曝光率比較高的憂鬱症一樣。這個憂鬱症就其症狀表現而言，是情緒低落、意志減退、思維遲緩，各種欲望都比較低。我們都不喜歡這種狀態。但是從另外一個角度講，這些症狀其實可以被總體概括為能量節省模式。就像你的手機一樣，如果電量儲備很低，它會自動啟動節電模式，很多智慧功能用不了或是性能降低，但是它可能會保障你在一個很糟的地方，比方說在無人區，能夠挺過來、撐過來。

所以憂鬱症狀其實也有進化上的積極意義。從進化心理學的角度來看，為什麼要有這樣一個機能呢？這個機能其實也是自然選擇的結果，有它的好處和意義。一旦有了這樣的見解之後，我們有了某些症狀，可能就沒那麼難受。因為我們知道這是一種提示，這個提示很重要，需要我們慢下來看一看，尤其是往內看一看。這就是苦中作樂。

那比這個再高級一點，是**以苦為樂**。這個以苦為樂，聽起來很受虐。沒事你幹嗎以苦為樂呢？苦就是苦嘛。

就像涼茶這種東西，你仔細地品一品，它是回甘的。很多藥材其實是苦中有甜，苦中有甘。我們人生所遇到的各種不自在、各種逆境，如果你能夠去品味它，就像蘇軾那樣，逆境其實也是一種風景。苦是一種味道，負面情緒只不過也是情緒罷了。

一束白色光分解成七色光，有些人喜歡其中的紅色，討厭紫色，有些人可能正好相反。可是，你也不能把不喜歡的顏色從白光當中剔除出去。我們之所以覺得負面情緒難受，無非就是因為我們太貪戀所謂的正面情緒——「一定要很開心，一定要像打了雞血[3]、喝了雞湯一樣」。有時候其實也不一定是你自己真的喜歡這樣，只不過就是一種從眾心理罷了。

賣雞湯的人肯定喜歡給你大勺喂雞湯嘛，你自己的身體是不是一定需要雞湯呢？不一定，你很

3編註：中國流行用語，指讓人情緒亢奮、精神高漲。

有可能需要涼茶。好好品一品，我們的各種不自在裡頭也有它們的味道。你們看一看蘇軾的一生，或者看一看明代的大儒王陽明的一生，他們真的可以把這種不自在品出味道來。

我在貴州玩的時候，拜訪了很多與王陽明有關的遺跡勝地，其中有個地方叫作「玩易窩」。王陽明特別喜歡研究《易經》，於是就在這個地方專門研究它。你會想像這裡至少也應該有張書桌，哪怕沒有書桌，也盡可能寬敞，都不是，它只是一個僅夠容身的山洞罷了。

這個地方居然也被他品出了安樂窩的味道。從這個角度而言，王陽明就是以苦為樂，而不只是苦中作樂。只是苦中作樂的話，你的心其實還是惦記著：雪碧好喝，涼茶好苦！

如果我們有幸，可能會從小自在邁向大自在。雖然我本人絕對沒有到這個程度，但是我的內心對這是很羨慕並且嚮往的。

這種大自在就是第四種——**不苦不樂**。這就是「一味」。世間的各種滋味本質上是一樣的。這倒並不是說我們的味覺變得很麻木，分不出甜和苦。我們甜和苦都能夠分出來，只是這種情況下，覺知程度比前邊三種都要高，我們不再特意區分甜和苦罷了。

很多時候心理諮詢其實也是幫助另外一個人覺知。一個人的覺知程度越來越高，他其實能從他的周遭，還有他的內心品出很多種味道。

為什麼又叫「一味」呢？因為這個時候我們沒去分別它們，不是每天都想著貼個標籤。比如說今天過得好開心，我明天一定要像今天這樣開心才行，我要保持它。如果貪戀這種狀態，其實也就進入了苦的循環，是自己給自己找不自在了。

不管每天是怎樣的，無論是好是壞，你如果沒有起那麼多分別心，其實壞的日子過起來就沒有那麼難熬。沒有那麼難熬的時候，其實離隨處自在也就不遠了。

我堅信人群當中有人的想法跟我是一樣的，最終還是會以這種不苦不樂、這種「一味」作為大自在的一個方向。希望我們這樣的緣分能夠持續下去。

04

受苦時的四種心態

#1 我們對於苦難和不如意，有四種心態：難受、忍受、接受、享受。
#2 被我們忍受的東西蓄積在內心，久而久之很可能會發展為身心疾病。
#3 接受和忍受的區別在於前者是一種不偏不倚的接納，心靈是敞開的，而後者仍舊是在不平等地看待事物。
#4 我們想過自在的人生，可以從接受開始，慢慢提高心態中享受的比例。

這一節來討論一下受苦四藝。聽起來就像是受苦的四種藝術，「苦」和「藝術」，這兩個詞居然可以放在一起？估計現在你們不會心服口服。但是我希望不管怎樣，可以帶著這樣的疑問，繼續共同研討下去。

前文已經談到我們的生活當中有很多苦，我們可以完全不考慮佛教的因素，不考慮佛教所界定的一種本體意義上的苦。即使在我們的日常現象當中，也有很多無處不在的苦。這種苦，當它接觸到我們心靈的時候，就像是一塊烙鐵烙在我們的肌膚上一樣。

那第一步當然是**難受**，我不知道你們如何形容現在的心情，如果你在朋友圈裡觀察，會發現很多人好像都在表達自己被生活所迫。這其實都是種種的難受。

我們的難受可能來自很多方面，比較直接的就是我們有情緒上的難受，感到不開心，要麼是有些緊迫的事情我們不得不處理，要麼是這種我們不得不處理的事情，一而再、再而三地發生。當它們發生很多次的時候，就像是心理學上所講的習得性無助[4]一樣，我們會感覺到有些鬱悶。

除了心理上這些明顯的不快之外，可能還會有一些孤獨感。如果你的生活當中沒有很親密的關係，那麼可能在工作之外就難以有很好的連結。這樣帶來的一種孤獨，其實也是一種難受。儘管它不是特別銳利、劇烈，但是如果緩慢地累積起來，也會使我們的心靈感覺到沉重。

有時候我們的難受就來自生活當中的其他人。我們現在很難做到像隱士一般地生活，所有的名

4 習得性無助是指因為經歷了重複的失敗或懲罰，而形成的一種對現實感到無望和無可奈何的行為、心理狀態。有習得性無助的人，在可以主動地避開不好事情的情況下，卻認為自己做不了什麼而絕望地等待痛苦的來臨。

山大川全都在手機的訊號網裡，你不管走到哪裡，大家都可以找到你，所以想獨善其身很困難。

在這樣的社會裡生活，我們總是和人發生著這樣或者那樣的關係。有些是垂直的關係，比如你可能會被你的父母所要求，被你的上司所要求。有時候你也不得不要求自己的孩子、晚輩。這樣一種像是上線下線一樣的關係，其實會帶來很多難受。因為理想的狀態就是我們不管別人的閒事，也不讓別人管我們的閒事，但是這一點實在太難做到了。即使我們不考慮垂直的，我們也要考慮水平的。在水平關係當中會有很多競爭、結盟、孤立、挑戰等來自人際關係的苦，其實也是一種難受。

我們的心在面對這樣的難受的時候，最經常的反應就是**忍受**了。為什麼呢？我猜我的讀者朋友都是成年人，我們都很清楚，難受的時候並不是都可以及時發洩出來的。成年人的世界裡沒有想怎樣就怎樣這回事，所以很多時候我們都是忍受、忍氣吞聲、忍耐。

這樣一種忍受，可能幫助我們減少了生活中一些即時性的麻煩，但是我們所忍受的這些情緒，所忍受的這些我們不能酣暢淋漓地表達出來的願望，它們在心理學上就像是未完成的事件一樣，會蓄積在我們的身心裡。久而久之，這些蓄積起來的情緒和願望，就可能由無形之邪變為有形之邪。

當我這樣說「邪」的時候，是指一系列的身心疾病。很多病其實都是忍出來的。儘管存在著一些基因和感染方面的原因，但是我們的過分忍受，的確削弱了我們的有機體進行正常防禦的能力。所以很多好人，這個好人在這裡要稍稍加一個引號，他們可能身體就沒有那麼好。

或許他們對於苦就是一種逆來順受的態度。這樣的一種忍受，使他們在生活中沒有什麼活力，因為他們的能量用來進行「忍」這樣一種要求很高的心理活動。而另一方面，這些忍受的東西如果沒有被轉化，它們有可能就會轉變成一些身心疾病。所以到了忍受這個層次上，雖然我們不得不承認這是必需的，但是它還談不上是一種真的藝術。

接下來談一談**接受**。接受其實很有藝術性可言，雖然接受跟忍受有時候從表面看起來似乎區別不大。一個人沒有發作，那他究竟是忍受著，還是他真的接受了？其實是很不一樣的。我要強調的是：忍受就是忍受，接受就是接受。如果你只是忍受而沒有接受的話，遲早你會意識到這一點的。

當我們要接受某種東西的時候，其實這裡頭包含了一個過程，那就是我們知道要接受的是什麼。這樣的一種接受代表著一種不偏不倚的接納。接納就像鏡子一樣，當放在鮮花前邊的時候，那它就映出鮮花的相。這種感覺可以說是接受。如果把它放在糞便前邊，鏡子其實也是原原本本地呈現出糞便的樣子，這就是接受。

接受代表著一種非常敞開的特質，沒有很多主觀上的評價；忍受其實代表著我們的內心對於所受的東西存在著分別。如果是一個很好的東西，一道美味的菜肴，我們不會想著要忍受著不品嘗它。一旦當我們的心是忍受狀態的時候，其實我們沒有留意，自己已經給「受」貼了一個標籤——這是壞的，所以我就要忍著。到了接受這個層面，更多的是一種平等的心態。

如果能夠逐漸訓練自己的心，逐漸變成接受、接納，甚至是悅納的態度，我們慢慢就進入**享受**的階段了。我們的心需要糧食，它的糧食是什麼呢？其實就是各種各樣的情緒。我們會傾向於一些比較好的、輕鬆的、正向的、愉悅的、積極的情緒，這些可能更多的是享受。那些負面的、消極的、看起來異常的情緒，我們如何享受它們呢？

這些所謂的負面情緒跟剛剛所說的正面情緒一樣，都是心靈的糧食，只不過這種糧食的味道初品起來沒那麼美味。之所以沒那麼美味，可能是因為我們已經在認知上給它加了一個標籤。由於這個標籤，我們產生了迴避的行為，這樣的迴避行為正好形成一個循環，又被我們詮釋為這東西真的不好。如此一來，我們就無法享受這些看起來壞的東西，比如負面情緒。這裡要稍稍談一下，當我們此處談享受，尤其是享受那些沒那麼好的、一些苦的情緒時，這一部分要跟受虐的心態區分開來。

受虐心態的形成很複雜。在受虐裡頭，人真的是把負面的情緒當成好的，被大家通常所理解的好情緒可能在他這裡就不是好的，甚至是壞的。這裡頭一樣有不平等，在不平等的心上，還有一些倒錯的觀念。[5]這種觀念並不是真的享受，在接受的前提下才會享受。

5 受虐心態中的人，並沒有悅納「好」和「壞」，沒有對它們抱著開放、歡迎的態度，仍舊是把「好」跟「壞」視作對立的、不和諧的，也就是此處說的不平等。另外，倒錯是指那些受虐心態中的人，把「壞」當成「好」來看待，異於常態。

專欄

日常訓練法①

1. 請大家拿出一張紙，列出下面三類事物，看看自己究竟有什麼「苦」。只要開始做這樣的練習，說不定就能獲得一點點自在了。希望大家借這個機會看一看：我們內心的不自在，究竟有哪些？

沒有但想要的	有了怕失去的	已經失去但一直懷念的

2. 希望大家逐漸能夠獲得享受的能力、提升享受的比例，這不是一件容易的事情。你可以取出一張紙，把你的難受、忍受、接受、享受畫成一個四欄表。比方說今天即將結束了，使我難受的是哪些？我忍受的是哪些？哪一部分我在接受，或者是我在嘗試接受？我享受了些什麼？

	難受	忍受	接受	享受
說明	今天使我難受的是什麼?	今天我忍受了什麼?	今天哪一部分我在接受，或者是我在嘗試接受?	今天我享受了什麼?
事件				
在一天中的占比				

當我們把今天的所思所感都填到四欄表之後，接下來可以再動手把它變成一張圓餅圖。如果這四種各占百分之二十五，這個圓餅圖就很好畫。那就是一個四等分的圓，但可能不是這樣的。不管怎樣，我們可以畫出我們今天在面對苦的時候四種態度的圓餅圖，並且給它標記上日期，與上面的四欄表放在一起。到明天傍晚，可以重複這個訓練。

過一段時間，我們把這些圖表累積起來，仔細研究，可能會發現，我們的心靈其實在慢慢地轉化。或許難受的比例有所降低，接受的比例有所升高；或許一開始完全沒有享受這件事情，過了一個月之後，可能有一些事情是可以享受了，這可是一種了不得的藝術。

要知道，很多事情我們說了不算，這麼多事情說了不算，如何獲得自在？我們可以提高自己接受和享受的比例。可能接受就是一個小自在的特徵，到了享受就是大自在的特徵了。所有的大自在也是由很多小自在累積起來的。希望大家會喜歡並堅持這個練習。

第二章

準備獲得療癒：擁有一顆四轉向心

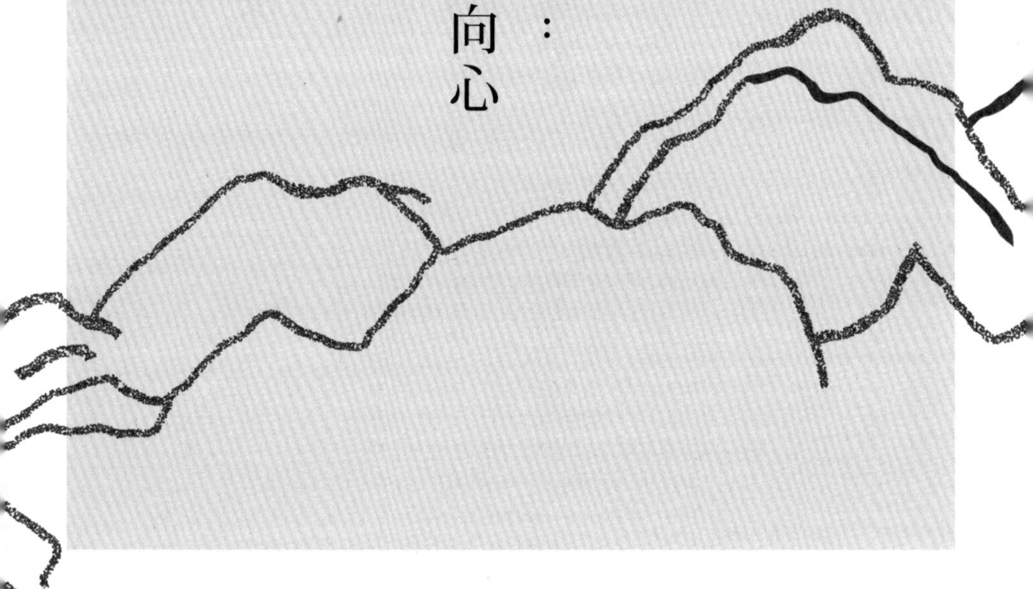

01

四轉向心總論：你真正想要的是什麼

#1 你的心真正想要什麼，你整個人的狀態都會與之相符合。

#2 一個人可能受苦的束縛和影響，但是他內心無比渴求自在。由於他的心發生轉向的緣故，他已經走在自在的路上了。

#3 追求自我像是在追求「我說了算」，追求自在像是「我說了不一定算，但是這並不影響我存在的整體品質」。二者並不矛盾。

#4 很多時候我們的症狀就像信使一樣，它提醒我們要使心發生轉向，看看自己真正想要的是什麼。

我們接下來有五講的內容來討論四轉向心的問題。這是我從臨床工作當中總結出來的，除了在自己的工作坊和系統培訓上，並沒有公開發表過。但是我之所以要把這個概念放在比較靠前的地方，是因為對我而言它實在太重要了。所以我也希望大家能夠盡早知道這個理論。

我們的心有很多種狀態，無論是明是暗，它都朝著某個目標。朝著某個目標的時候，我們就可以說這處於心的某種轉向的狀態。如果你很想有錢，那你的心就轉向錢；如果你非常渴望平靜，那麼你的心就轉向一個平靜的狀態。如果你的心轉向著有錢，哪怕你現在不是很有錢，這樣的狀態也跟另外一種心的狀態有本質的不一樣。其他的心的狀態，比如想要平靜，那麼即使現在心還不平靜，但由於發生了這種轉向，跟剛剛那種想急著變有錢的心是不一樣的。

為了把這一點說清楚，請允許我使用一個故事。我們知道珠峰是世界上海拔最高的山峰，很多人哪怕知道自己不一定能爬，心裡也會有攀登珠峰這種願望。我的心裡是有過這樣的願望的。我見過兩位攀登過珠峰並登頂的人。當我們想攀登珠峰的時候，其實我們的心就轉向了攀登珠峰這件事情。哪怕我現在是在深圳，我的心如果轉向了珠峰，從某種意義上來說，我已經在攀登珠峰了。或者說得更徹底一點，我已經在珠峰上，只不過是在深圳這海拔幾十公尺的位置。

我為什麼會有這樣的一個想法呢？這是來自我在西藏旅行的經歷。在拉薩的街頭有很多甜茶館，裡面會有天南海北的人，也包含了拉薩本地人。我每次去都會在這裡好好地耗一耗時間，因為這個地方實在太有趣了。倒不是甜茶本身無可取代，而是這樣的氛圍無可取代，在深圳、北京、上海找不到這樣的地方。

假設我們這幾個人是想攀登珠峰的，要從北坡攀登，所以第一站要先到達拉薩海拔四千多公尺的地方，你會跟同一個茶館的人聊各自的生活。在這裡，大家對陌生人是比較熱情開放的，這一點跟北上廣深不太一樣。

別人可能會對你是從哪裡來的感興趣。我有過這樣的經歷。在甜茶館裡我向當地人展示深圳和香港的夜色。深圳和香港的夜色其實相當不錯，如果你去其他地方旅行，相比深圳和香港的夜色而言，其他的地方可能還要遜色一點。尤其是香港維多利亞港的夜色很美，它層次感很豐富，色彩也很飽和，看起來的確不錯。

當我把手機裡存的這些深圳和香港的夜色圖給藏族朋友們看的時候，我發現他們看起來對這些地方比較神往。的確在他們生活的地方沒有這樣的色彩。你能夠發現，當他們看到手機上展示的非常豐富的夜生活的時候，他們的瞳孔也會變大，正如我們看到雪山冰川的情境那樣。

當兩撥人在海拔同樣的茶館內相遇的時候，由於我們的心轉向的目標不一樣，其實路也就不一樣。對於我們想去珠峰的人而言，我們在這個海拔四千多公尺的位置，哪怕距離登頂還遠，但是由於我們的心是向著珠峰的，你可以說我們其實已經在攀登珠峰了。只不過我們在珠峰海拔四千多公尺的位置休息。當你真的爬到最上面的時候，你可以做一個思想實驗，究竟哪一個地方才叫珠峰？

是不是最上邊尖尖的這塊石頭？如果這個石頭是珠峰本身的話，我們可以花一點錢把它搬回到平地，搬回到深圳。這麼做的話，你也許就可以拿這塊石頭收錢了。

這個思想實驗顯然告訴了我們，僅僅把珠峰定義為最高處的這塊石頭是荒謬的。

我認識一個成功登頂的人，他是我的老房東。我問他登頂之後有什麼樣的感觸，他親口告訴我，他發現這一路走來全都在珠峰上走。這件事的確啟發了我對於心轉向的理解。如果你的心轉向珠峰，不管你在海拔多低的位置，其實你就在珠峰上。如果另外一撥人想來香港，哪怕他們還沒到，哪怕他們的海拔位置跟你是一模一樣的，其實他們已經在香港了。

大家可以把所有的地名代入進去，你把你的終點、目標定義為什麼，它就會使得你的心的狀態有本質的變化。哪怕你跟別人從外在看起來處於同樣的條件裡，你們也是非常不一樣的。

我說的這件事情，對於此書的論題會有怎樣的啟示呢？這本書是有關自在的。我大約從十年前開始思考自在的問題。有些人的心不想自在，也就是說他不把自在視為像珠峰或者香港一樣的目標。在這種情況下，哪怕他在精神醫學的標準看起來完全健康正常，我們也可以說他並沒有處於一個自在的狀態，因為他的心不朝向自在。

如果有另外一個人，他可能受著身心的多重負擔，或者說受苦的束縛和影響，但是他內心無比渴求自在。這就相當於一個人在海拔很低的位置上，可他的心非常渴望珠峰。套用我剛剛的「珠峰茶館理論」，這個人由於他的心轉向的緣故，他已經自在了。他儘管沒有完全擁有它、占據它，但是由於心的轉向，他其實獲得了自在。就像是一群人在一個房間裡，他們的手機都連著不一樣的Wi-Fi，連接Wi-Fi A的人，他們就可以說是轉向A的一群人，連接Wi-Fi B的就是轉向B的。儘管外在形象看起來，這些人似乎沒有什麼區別。

我自己的體會是什麼呢？一個人哪怕受了很多苦，有很多不自在，但是只要他內心渴望自在，把自在當成追求的目標，就我本人的臨床工作而言，是比較歡迎這樣的來訪者的。坦率地講，那些價值觀跟諮詢師比較一致的來訪者，療癒起來障礙會比較小。還有一些來訪者，可能病得並不重，但是他追求的目標不是自在而是自我，其實就會有一些困難。

我在整個臨床的思考過程中，想的其實都是一個如何從自我到自在的問題。**自我其實就是我說了算；自在的話是我說了不一定算，但是這並不影響我們存在的整體品質**。這兩條路是不是一定矛盾的？也不一定。你或許會想追求一個比較強大的、比較有能量的自我，但是你的目標也許不是以自我為定位的。這個自我就像是你用來攀登珠峰的身體一樣，你很好地照料它，鍛煉它，但最終你不是為了擁有一個健康的身體，而是要去更高的地方。

我覺得這本身就是一條路。哪怕你在追求自我，但其實這條路的終點是自在，也可以說你本身就走在自在這條路上了。所以在臨床諮詢工作當中，我非常注意這一點，看他們的心轉向的目標是什麼，他們是否希望「讓我趕緊不要受症狀影響，趕緊告訴我如何能夠快一點睡著，或者告訴我究竟要不要離職，要不要離婚」。

處於這樣的心態的話，我要看一看能不能使他的心轉向到：我生活當中出現這樣的問題，說不定它是提示我應該稍稍調整一下人生的大目標。很多時候症狀都像信使一樣，它來提醒我們要使心發生轉向，哪怕是朝著小自在，而不僅是讓這個問題消失，或者讓這個症狀消除。

這樣的理念，如果能夠在來訪者那裡獲得共鳴，諮詢工作就會變得從容一點。這跟各位讀者有什麼樣的關係呢？其實道理是一樣的。你並不需要看完這本書之後去做心理諮詢，只要你覺得追求自在是你的一種可能性，是你的心的一種可能性。我想可能性本身就很重要了。

02

從未來轉向過去：你過去到底發生了什麼

#1 我們總是由於未來的某種情形可能會形成挑戰，會威脅到我們，所以才去尋求幫助。

#2 精神分析學派的興趣集中在過去。過去儘管被稱為過去，事實上沒有成功地過去。一些過去的模式，總是在不斷地成為新的當下。

#3 我們當下和未來的問題，都是被過去所塑造的。心病所需要的心藥，其實也是儲存在過去。

我這一次跟大家分享四轉向心的第一轉向，**從未來轉向過去**。

儘管我不知道大家看我這本書的動機，但是我會設想，或許你們的生活出現了一些小的困擾；

也可能沒有明確的困擾，但你們對未來的生活有一些打算。正是由於我們的心是向著未來的，所以當下的選擇才會有目的性和目標性。

這一部分在諮詢工作中看得比較清楚。來訪者到諮詢室裡來之前，其實他維持這樣的情況已經很久了，為什麼在這個時候來？

比方說一個年輕人，將要結婚的時候，他才會來。除去這個事件之外，他生活裡的其他部分一直都是這個樣子。還有一些情況是將要為人父母的時候，他會來。除這個因素之外，他生活的其他部分，包含他的童年、過去、原生家庭並沒有發生變化，之所以到諮詢室裡來，其實一般都是由於未來將要發生點什麼才來的。但來訪者們不見得能意識到這點。即將發生的這些可能性，對當事人形成了某種挑戰，或者說得更嚴肅一點，形成了某種威脅。

好端端的，他完全可以維持內在的系統在一個比較穩定的狀態。如果沒有外力去驅使他進行調整的話，他可以這樣一直過下去。由於未來的某種情形可能會形成挑戰，而這威脅到他，他才會來尋求幫助。

有些人，他的困擾很明顯——我究竟要不要離職？我究竟要不要離婚？我該選擇什麼樣的生活？如果別人怎樣怎樣了，那麼我應該如何應對？一般來說都是被未來種種可能性所影響。

很多來訪者都希望諮詢師能提供幫助，那麼未來就不會出現這種具有挑戰性的情形了。也就是說在這種情況下，解決方法就是「我希望透過你的幫助，讓未來那種壞的可能性不再出現」。

但是你想多問問來訪者的過去，說不定他還會感覺到不耐煩。有些是本能的不耐煩——「過去的事情我不想談」。他知道過去的事情有些沒那麼好，可能有一些羞恥感，或者是一些創傷性的經歷。還有些來訪者，他對於過去沒有什麼看法，好像所有的事情都沒有什麼特殊的意義。如果諮詢師對這一部分感到好奇，反倒會使來訪者覺得奇怪：我問的事情明明是我應該做怎樣的打算，你管我以前的事情做什麼？再說了，以前的事情都已經過去了。這樣的來訪者我們就要看一看，能不能使他的心從未來發生一個轉向，轉向到他的過去。

心理諮詢有很多流派，不同流派的關注點是不一樣的。有些側重於問題的解決，這樣的流派可能關注點在未來，或者是包含當下，但指向未來。也有一些流派，他們認為過去的事情都是透過當下的經驗來發揮作用的，所以應該努力拓展此時此地的經驗。

唯獨精神分析、精神動力學派，它的興趣非常集中在過去。在精神分析流派所累積的這些案例裡，你能夠看到過去儘管被稱為過去，事實上沒有成功地過去。一些過去的模式，總是在不斷成為新的當下。

一些人可能就在某個關係裡，他先是享受，接下來變成忍受，接下來到不能忍受，然後怎麼辦？這時候，這個關係就會破裂。「再換一個嘛，地球人這麼多。」當他換一個人的時候，可能會覺得這是一個全新的人。你看，這個人跟之前那位這也不一樣，那也不一樣。但是在這段關係裡，可能沒過多久，他又會產生某種從忍受到難受，然後到不能受的感覺。這個循環就會再度發生。他可能並沒有意識到，這兩位伴侶，或者男女朋友，他們跟這位當事人過去的一個很重要的人非常相像。

大家不要機械地去理解這種相像。有時候看起來雖然不相像，甚至是一種完全的反面，但正是這樣的一種完全的反面，印證了當事人把這個曾經很重要的人記得一清二楚，要不然怎麼可能找到完全的反面呢？

所以從精神分析、精神動力學的視角來看，我們當下的很多問題，或者說我們以為只是未來的問題，他們都是被過去所塑造的。我們在這裡講塑造而不是決定。

有一些人，他們閱讀了一些讀物之後，深深地感覺到自己的一切全都被過去決定了。如果他覺得是這樣的話，可以問他一個問題：「你找到我來尋求幫助，也被過去完全決定了嗎？甚至是你看張沛超的書，是不是也被你的過去完全決定了呢？」這往往會帶來一些反思。我們不是在提倡一種非常機械的決定論，而是希望我們不要對過去懷著一種否認或者漠視的態度。

在心理學上，有一點是近乎常識的：我們預測某個人他做某件事，最好的預測因素，就是看他有沒有做過這樣的事。一個非常直接的例子，去評估一位當事人的自殺風險，什麼樣的因子最能夠預測他會採取自殺的行為呢？那就是他過去真的行動過，哪怕是準備行動，這也會成為高危因素。

我們的過去的確不容忽視，但是大家其實都沒有太大的興趣來翻這些「垃圾堆、檔案袋」。過去就像一筆很沉重的負擔，除了和我一樣的諮詢師、治療師天天幫助人理解他的過去，整合他的過去的，一般人通常而言都不太會去想它。

透過一些閱讀，我們知道了我們的病根往往潛藏在過去，但是經常會忽略另一個側面：我們的一些藥，心病所需要的心藥，其實也儲存在過去。那些資源性的部分，並不是因為當事人遇到了一個很好的諮詢師，這個諮詢師像給他注射了某種特別好的針劑一樣，給當事人添加了一種他從來沒有的東西。其實很多時候，諮詢師都是在幫助來訪者在自己的過去裡尋找解藥。

那就使得我們把目光從「我要做什麼，快點告訴我應該做什麼」這樣的心態，轉向到「我要看一看，我過去發生了什麼」。

我當下的麻煩，它對我而言重複了什麼？意味著什麼？這是非常重要的思考，是一種不那麼容易訓練的人生態度，但又非常重要。心的第一個轉向，就暫且寫到這裡。

03 從外界轉向自己：你真的關心過自己嗎

#1 如果一切運行良好，我們一般不會意識到自己的身體和心靈的存在。意識到了身心的存在，往往是出了什麼問題的時候。

#2 心病的確是一個讓我們去關心自己的契機。

#3 心理學術語「投射」，就是我們把內心當中的某些東西投射到外邊去，把自己的想法當作是別人的想法。

#4 心理學術語「阻抗」，就是我們內心受到了某種刺激和威脅，便不再配合他人的幫助。它是發生在潛意識或者無意識裡的。

四轉向心的第二種叫作**從外界轉向自己**。

一般來說，我們不大留意自己內心的各種活動。在一切都運轉得良好的情況下，比如我們能夠非常自如地運用自己的四肢，可以跑來跑去的時候，通常不會留意到自己有條胳膊、有根手指、有條腿在，對不對？門鈴一響，你就知道快遞到了，然後不假思索地走到門邊，你不會太注意到自己有條腿這回事。

我們的心也是這樣的。如果它運行得大致良好，我們就不太能夠留意到它的存在，注意力的焦點都放在外部世界。這個生意好不好做？那場電影什麼時候去看？這本暢銷書我有沒有下單？什麼樣的人，我應該跟他組織一場徒步旅行？我們有很多諸如此類的問題。

身心一切運行良好時，我們的心就像是鳥飛翔在天空，或者是魚游在大海，我們不會意識到我們有心這回事。

通常什麼時候我們會留意到自己有心這回事呢？比方說你在沙發上蹺著二郎腿，可能是在看影片或者聊天。時間久了，你腿可能會發麻。但是這個時候你還沒有動，所以你不覺得自己的腿不對勁。如果這時門鈴響了，快遞來了，你要去接快遞，你把腿放下來，就會很清楚地知道你有一條腿了。麻的是左腿，你就能夠意識到你有一條左腿；麻的是右腿，你就知道你有一條右腿；如果兩條都麻，你終於知道走路是一件很複雜的事情。

我們的心也是這樣，當它出問題的時候，你就意識到它的存在了，尤其是當它礙你事的時候。

你明明想升職，但是你一旦面對老闆，你的心裡頭就像一下子釋放了很多恐懼一樣，讓你遠遠看見老闆的時候掉頭就跑。這樣的話，你就知道某個東西不聽你的話。你就知道，「這個東西的確存在，它也不是完全聽我的，雖然它跟我有這樣的關係」。

所以我們的各種心病，如果說有好處的話，那就是它們逼著我們不得不把自己的視角從外界轉向到內心。就像當你腿麻的時候，你甚至都忘了要取快遞這件事情，因為自己身體的感覺實在是太強烈，太難以忽視了。

說到我們的心病，這裡的「病」大家要稍稍地放寬一點理解，不一定是診斷標準上的精神心理障礙，不一定到那種程度。比如你很孤獨，儘管你不屬於孤獨症（即自閉症），也有非常瀰漫性的、深刻的孤獨體驗，這個體驗會使得你對外界的興趣變少。很多時候你都像背著沉重的負擔一樣，沉重的負擔就是你內心的這種感受。

看起來，心病的確是一個關心的契機。正像我們在導論就討論過，這個苦可能是尋求自在的契機。我在前文已經提過，我是積極的悲觀主義者。雖然情況沒那麼好，但是我們總能夠從中發現什麼，轉化什麼。

我們有沒有心病這回事，其實不是自己說了算的。如果是我們說了算該多好。有很多人都寧願自己有身體疾病，也不願意自己有心理疾病。因為身體的苦，它其實要傳遞到心裡才是真的苦。身體的苦讓你意識到你有身，心裡的苦讓你意識到自己有心。

心病具有使得心轉向內在的可能性，但是這畢竟不合乎我們的天性。我們心的天性就是攀緣，就像把一個猴子放在一棵樹上，它總是要不停地攀爬的，不會待在那兒不動。所以一般來說，除非你經歷了一種專門的觀察心的訓練，否則一般來說我們不會主動去這樣做。

哪怕我們的心被某種感覺占據，而變得沉重、變得苦，我們的本能反應還是：「我不要看它！我要在心之外尋找心病的答案！我要看一看，是誰把我弄得這麼不開心。我要麼搞定他，要麼逃離他。」這樣的話，我們就又重新在心之外去尋求解決之道了。

這種情形是很多人都會有的反應：「不是我憤怒，而是你為什麼對我這麼生氣?!」這在心理學術語中叫作「投射」，即把內心當中的某些東西投射到外邊去，把自己的想法當作別人的想法。心就像是一個電影的放映機，上面有「憤怒」這張片子。結果燈一開，憤怒的影子就投到了銀幕上了，如此一來這憤怒就似乎不再是「我」（放映機）有，而是「你」（銀幕）有。

其實我們本能的行動都是去外在世界尋找答案，或者是歸因於外界。歸因於外界比較方便，因為外界是我們很容易看得到的，比如我出身不好、我的家庭不好、我的公司不好，或者我的風水不好、我的身邊人不好。這些都有助於使我們把內心的某種不好，神奇地搬運到外界。

我們在臨床工作當中，來訪者大多數情況下不會認為這是自己的心理問題。有些人口口聲聲說：「我需要往內看一看，你幫一幫我，我真的需要在內在世界裡好好尋找一下答案。」你不要信以為真。當你試圖做一些詮釋性的行為，把他某些外在的表現連結到他的內心活動的時候，對方可能會有很激烈的反應，甚至可能就不來諮詢了。

儘管他會有一些聽起來蠻合理的原因，但其實他內心感覺受到了某種刺激和威脅。這種現象在心理學上叫作「阻抗」或「抵抗」。通常情況下，這樣的抵抗是發生在潛意識或者無意識裡的，也就是說對方並不是故意策劃了這件事情。

我們要讓一個人的目光轉向自己的心，不要只是把問題歸結於外界，或者在外界尋找問題的解決方案。通常而言，這樣的過程不可能很順利，這是由我們心的本性決定的。如果我們心的本性就是喜歡觀察自身，那根本就沒有必要提這樣的一個心的轉化了。當我們提到把心從外界轉向自心的時候，往往要注意它不是一兩次就能完成，可能需要很多次。慢慢地，這樣的一種轉化、轉向會使得來訪者，或者說即使不是來訪者，是生活當中的人，慢慢地熟悉自己的心。

首先，要知道自己有心這回事；接下來，知道自己的心很複雜；慢慢地，在自己的心裡找到問題的答案，或者說這件事情的真相；一旦嘗到甜頭，可能就會自發地去完成這樣的一個轉向，對自己的內心越來越感興趣，每天的生活都成了一個觀察心的透鏡。

我們的生活其實就是我們的心所化現出來的。所以你生活裡的這一切，那個膠捲影片，都在自己的心裡頭。一旦你對這一點越來越確定，你就會忍不住地想看一看，這膠捲裡頭除了我已經看到的部分之外，還有哪些我不知道的？我甚至要在它還沒有變成我生活的一部分之前，先去瞭解它。這樣一來，心的轉向就變得沒那麼困難。就像你去攀登珠峰，周圍的景色實在很漂亮、很罕見，這本身就是這樣一種轉向的獎勵。一開始要轉的時候可能很困難，但是只要你不放棄，慢慢地轉，這樣一來最終也會很輕鬆。

其實我們這本書所談的就是要完成這樣的一個轉變，你哪怕不去思考我看完這一節之後一定要做什麼，把這一節多看幾遍，這個轉向或許每次都在發生。

04 從行動轉向好奇：你是不是在輕舉妄動

#1中國傳統文化主張一種生機勃勃的動，反對妄動。

#2比較愚蠢的好奇，就像是一個人非要盡快瞭解一件事情的經過、原因、解決方案，沒有考慮心的因素，眼睛全都在看外面，全都在尋求即時的解決方案，都在行動上。

#3溫和的好奇，是對自我內心的探尋。去察覺為什麼自己的心會有這麼奇怪的感受，理解自己的心裡發生了什麼。

我們接下來談一談四轉向心的第三種，**由行動轉向好奇**。

我們這個時代，總體而言鼓勵各種各樣的行動，以至於如果說一個人沒有什麼行動力，通常是一種貶義。如果別人說你深思熟慮，這說不定可能是在損你。這個時代比較主張「去做，做了再說，趕緊做，只管做，做了就好，做得好」，充滿了這樣的聲音。

在你的身邊，大多數人應該都不會在外顯的層面上提倡過一種沉思的生活。這樣的生活被認為是過時的、自閉的，更有甚者會覺得這可能本身就是一種有病的生活。

我們現在都在講，這個人有沒有行動力？會不會抓住機會？在深圳有個口號——時間就是生命，時間就是金錢，效率就是生命。既然時間這麼重要，如果還把時間用在東想西想上的話，以深圳群體看來，這就是一種病了。

總體而言，可能就在區分好的行動與壞的行動之前，行動本身已經包含了一種讚譽。我們說一個人很有行動力，通常而言不會是指這個人魯莽。在這樣的一種時代背景下，「不要有那麼多的行動好不好？」「不要有那麼急的行動，好不好？」等聲音就不大容易被人聽得到、聽得進去了。

我在這裡分享四轉向心的知識，尤其是第三轉向，從行動轉向好奇，目的倒不是希望大家接下來什麼都不要動，就只管好奇就得了。不是這樣子的。

我們在傳統文化當中，其實是主張運動的。主張動，主張一種生機勃勃的動，但是反對妄動。從《易經》開始就形成了傳統，如果是妄動的話，可能會帶來很多麻煩。

我自己的印表機出了一些問題，按理來說，完全可以等第二天時間充足的時候再好好看。但是不知怎麼著，我就是覺得今天應該把它盡快修好。其實在這種「要趕緊把它修好去睡覺」的心態下，很容易會用力過猛。結果我努力地把墨水匣往外一拉，嘿！卡住了。這一下子，推也推不進去，拉也拉不出來，工具也派不上用場，因為我不知道裡面的結構是什麼。

我靜靜地思考，剛剛是不是有些妄動，儘管在理智的層面上我知道，其實沒有必要這樣急的。由於我自己經常進行心的訓練，我就要想一想，其實就是好奇：為什麼我今天是這個樣子？為什麼我用力會這麼猛？

其實今天是有一些焦慮的。這種焦慮顯示出今天有好多事情都沒有定下來。這樣一種沒有定下來的感覺在心裡蓄積著，而我們的心不喜歡蓄積一些未完成的事件。

在這樣一種心態下會產生這樣的念想：「別的事情控制不了，這個印表機我還換不了墨水匣嗎？」可能就這樣跟這件事情槓上了。「我一定要採取正確的行動！白天其他的事情我沒有辦法行動，至少對付這個印表機還是有辦法的，大不了換一個。」

當我審視內心這個過程的時候，其實就理解我這樣的行為了。雖然印表機目前張著嘴，看起來有點醜陋，但是當我由於好奇，發現了內心的焦慮之後，其實倒有一些喜悅和清涼感。當我的心轉向一種妄動妄做的時候，它處於非常多的不安裡。而當我的心從這樣的狀態轉向對它自身的好奇時，至少在這幾分鐘裡就已經獲得了一個小小的自在。

這印表機是怎樣運作的，其實不是我說了算的。我也不能很神奇地讓它一下子就好起來，不管我的想法有多麼強烈。

我們儘管是大人，我們也有很多孩子的心態，或者說幼兒的心態，甚至嬰兒的心態。我回憶起自己的孩子，我的大女兒。當她三歲的時候，我們帶她去花園裡玩，有一棵果樹上結了果子，她看起來對果子是有一些興趣的。你知道她接下來做什麼了嗎？她用手指頭指著這個果子說：「我要你們掉下來。」當然它沒有掉下來，不可能這麼巧合。然後她又把那句話重複了一遍。後來不知道她重複了幾遍，果子都沒有掉下來。然後接下來她說：「那好吧，我命令你們待在樹上。」如此一來天下太平了。

我看到這個現象其實也感到好奇，覺得蠻有意思的。人在以自我為中心的時候，就是小孩子這樣的心態。

談到好奇，我們可以關注一下「奇」字。在當代，它總是與「奇怪」這樣的字眼連在一起，多多少少帶了一些貶義。可是奇也可以是奇特，它也可以是一種很特別的東西。我們好奇其實也就是對這些不一樣的東西感到有興趣。如果你對於不一樣的東西是憎恨的，或者是漠不關心的，那就不是好奇。

也有一種比較愚蠢的好奇，就像是我非要知道這印表機怎麼了，就是想盡快瞭解一件事情的經過、原因、解決方案。這樣的好奇，由於沒有考慮心的因素，眼睛全都在看外邊，全都在尋求即時的解決方案，都在行動上。這樣的好奇可以說是比較愚蠢的。

與之相對應的，可能就是溫和的好奇。這個好奇倒不是說我需要盡快知道這件事情是怎麼回事，以採取行動，這類好奇可能本質上還是行動，也不是真正的好奇。那什麼是溫和的好奇呢？就像是我剛剛舉的本人的例子一樣，我不再關心印表機了，這個印表機無論什麼樣的結果我都承受得了。但是我要看一看，為什麼我的心剛剛會有這樣奇怪的舉動。

我就是想理解我的心裡發生了什麼。這樣的一個從行動轉至好奇的轉向，與前邊的「從未來轉向過去」、「從外界轉向自己」，其實都是相關的，一轉俱轉。就像我在思考我白天怎麼了，白天我有很多事情懸而未決，無法行動，所以好不容易碰到一個有行動的可能性的事情，我就非動不可。

從外界轉向自己，ＯＫ。印表機是印表機，它不會專門來氣我，也不會來專門礙我的事，我沒有必要對一個印表機大動肝火。重點是我的心裡發生了什麼，使我如此不客氣地對待這臺機器。在這短短的幾分鐘之內，就有心的三個轉向不同程度地發生了。

這樣的一種好奇，有助於我們在過去裡面安然地待著，而不是一難受，就馬上要逃出去。而且也有助於我們真的瞭解自己是怎麼了。自己今天是有一些奇怪，有一些奇特的，我不是因為這樣的奇怪和奇特，就對自己很生氣。我對自己很生氣，其實這本身也是一種行動，而且是一種妄動。

這樣的心的轉向有利於形成一個正性的循環。它使得我們前面所提的那兩種心的轉向變得更穩定，就好比你更能夠像一個熟手操作方向盤一樣，使得你的心比較穩定地待在朝向過去、自心的位置上。

其實，只有來訪者的內心逐漸有了這樣的狀態，我們和他進行探索性的工作才會變得輕鬆一點。一個在日常生活中的人，如果他能夠逐漸在內心生起這些轉向，不見得立即能夠改變他周遭的狀況，但是他將會不斷地瞭解自心、從自己的內心和過去裡既找問題，也找答案，這是一個過程。

如果有了這樣的過程再去行動的話，就不太會有妄動的危險了。在整個《易經》和《道德經》裡頭，處處充滿了對於妄動的警告。大家有興趣的話，可以去看一看這兩部經典。它們是有不少白話譯本的，讀起來並不是很困難。

05

從實體轉向緣起：你為什麼常常感到痛苦

#1 生理上的疾病從實體的角度來看叫作症狀。症狀就是原來沒有的東西現在有了。這樣的角度有道理，但有其局限性。心理上的痛苦、疾病和障礙，並不完全是一種生物性的東西，我們需要從一個更複雜、更系統的角度去思考它們。

#2 家族、家庭的問題往往會延續。有些家族好像每一代都會出現某一種問題，而且這還不一定是由於生物學上的基因所引起的。

#3 心理症狀植根於我們的人生體驗。我們的人生體驗深深地鑲嵌在我們的原生家庭以及家族的整體體驗裡。而這個家庭和家族，它也不是孤立的。它總是存在於特定的時代、特定的文化背景裡。

這一節主要講四轉向心的最後一個轉向——**從實體轉向緣起**。這樣的一個名字聽起來挺玄的，這跟我們自不自在有什麼關係呢？跟我們的情緒、我們的家庭有什麼關係呢？且聽我一一道來。

首先從臨床上的例子出發，因為這的確是我最熟悉的領域了。當一個人來到諮詢室的時候，一般來說都會認為自己像是有了某種生理上的疾病一樣。生理上的疾病從實體的角度來看叫作症狀。症狀就是原來沒有的東西現在有了，有了之後就是病。如果我們能夠把這個症狀祛除，這個病就治好了。

心理諮詢與治療很大程度上受醫學模型的影響，尤其是受現代西方醫學模型的影響，於是就會把我們這種心理上的痛苦、障礙或某些更嚴重的症狀理解為一種實體。就好像是某個瘤子一樣，需要把它拿掉、搞定。

這樣的角度有一定道理，但它是有局限的。我們不應該把這種心理上的痛苦、疾病和障礙，完全視為一種生物性的東西，而是需要從一個更複雜的、系統的角度去思考。

心理的痛苦和障礙，你會覺得這是一個症狀。那麼這個症狀是什麼時候出現的？它在什麼樣的情況下出現？在出現之前你的生活裡發生了什麼？當它出現之後，給你的生活帶來了什麼？如果你深究一個症狀，你會發現它處於一個很複雜的系統裡。

有時候，如果我們把個人的症狀放在家庭乃至家族系統當中，你會發現更有意思的現象。有些家族好像每一代都會出現某一種問題，而且這還不一定是由於生物學上的基因所引起的。好像這個家族中就發生了一種對於症狀的認同作用。

還有一些是一家三口或者一家四口，一開始是孩子有問題。於是在諮詢師或者醫師這裡，幫孩子做個別的諮詢或治療。孩子的症狀看起來消失了，接下來怎麼著呢？接下來媽媽要出問題了，出的問題跟孩子的相關。如果我們再去處理媽媽的問題，它可能被成功地處理掉，搞定了，這個時候可能爸爸就會出問題。這就像是打地鼠的遊戲一樣。這個症狀不是一個孤立存在的實體，它背後有很多很複雜的背景、原因、脈絡、線索以及更複雜的緣起。

緣起這個概念，來自佛教。其實在整個印度，不光是佛教，還有印度教以及其他印度的哲學分支，他們所共同接受的一個世界觀就是緣起的世界觀。

有關緣起的理論，如果攤開來說，它要變成一部博士論文了。這顯然不是本書的重點。重點是我們要完成一個心的轉向，把你身上這樣的一個毛病或者說痛苦，轉到它更深厚的背景那方面去。

通常而言我們不大容易這樣想。當你發燒了，你當然希望燒盡快地退掉，這樣好去上班工作，並不會去研究這個「燒」是怎麼一回事。當然了，如果你反覆發燒，醫師可能就會發生心的轉向，他會認為你這個發燒可能是更複雜的問題的一個表現。

我想說的是，我們心理上的這些痛苦、障礙，它們幾乎不可能是孤立存在的實體。中國人來理解這一點，其實不是特別困難。因為傳統中國人的世界觀，其實並不是從實體的角度來思考這個世界的。我們通常是從「氣」這個概念來思考的。

但是實體在西方是一種非常基礎性的思想。這個可以從古希臘的哲學家一直談到當代。西方醫學之所以是這個樣子，它背後的緣起其實是有西方人的世界觀在裡面的。這的確是理解人類精神和心理痛苦障礙的一個視角，其實也有緣起的視角。

你可以想一下，如果我們的心沒有發生從未來到過去的轉向，沒有從外界轉向自己、從行動轉向好奇，我們很容易就會把自己遭遇的麻煩實體化，欲除之而後快。最好是有一顆神奇的藥丸，吃了之後我的煩惱能神奇地消失，就像是一個完美的手術，徹底摘除了病灶一樣。但其實不是這樣的。從緣起的角度而言，我們的症狀與太多的東西有緊密的聯繫了。如果不是有持續的好奇，我們很難在這條路上繼續探索下去。

在臨床工作當中，一個來訪者如果來做個人的分析，往往到了一定的階段，他的個人分析會很自然地變成他的家庭、家族的分析，也就是常常會回到他的原生家庭和家族那裡去。這樣一種家庭、家族的分析，如果我們對它持續好奇的話，它在最後會變成一種對文化的好奇、反思和重新的理解。

然後，我們就會知道自己的心理症狀，它植根於我們的人生體驗裡。我們的人生體驗，深深地鑲嵌在我們的原生家庭以及家族的整體體驗裡。而這個家庭和家族不是孤立的，它總是存在於特定的時代、特定的文化背景裡。

這樣一來，我們就多次把自己的苦和障礙情境化、脈絡化。於是，自然會以一種非線性的、非單級的、非線性因果的方式來看待自己的問題。我們會自然地知道，很多東西我們的確說了不算。

當你有「算」的意識之前，你的家庭、家族、時代、文化在那個時候是既定的。如果你完全忽略這些因素對你的影響，甚至否認它，只是想著要祛除個人心理上的障礙，那往往可能會無功而返，或者像打地鼠一樣，你打了這個，然後另外一個就從旁邊冒出來了。或者是時間拉得比較久，你感覺好像所有的地鼠都不冒出來了，但過了一陣子，它們可能同一時間都冒出來了。

這樣一個心的轉向，其實有很基礎性的地位。它相當於你的世界觀有了轉向，從潛移默化地受西方影響的實體式的世界觀，逐漸轉向到印度和古代中國結合的世界觀，我把它稱為「易—緣起模型」。易，就是《周易》的易，我在上一節提過這部非常重要的經典。

我們不見得一開始就能夠知道它的好處，然而，一旦發生了這樣一種世界觀的轉化，我們對於個人的苦惱就會有不一樣的看法。我們就會知道重要的並不是追求症狀的無，或者是煩惱的不在場，而是追求一種在各種境況、各種遭遇當中，能夠保持我們的心向著自在的方向，而且是隨處自在，隨時自在，隨緣自在。

當我們有了這樣的本領之後，如果外界有這樣或者那樣的問題顯現，可能我們對它就不會感到那麼恐懼或者憎惡了。所以我才會把四轉向心放在「苦」和導論的後面。

其實四轉向心也就是為一條出路做準備工作。我們的心想不想要自在？如果不想，這條路就不必往下走了。如果想，恭喜！在你想的這一刻，你已經獲得了一個瞬間的自在。如果你能夠嘗到甜頭，你可能慢慢就會有足夠的信心走這樣一條路。

專欄

日常訓練法②

1. 思考一下自己的生命軌跡。可以用畫圖或寫一段短文的方式來看一看自己的生命軌跡。

2. 如果你當下有某種困擾，或者對關於未來的某種選擇不確定的時候，你可以看一看自己的過去。曾經出現過這樣的情境嗎？當時自己是怎麼應對的？

通常而言，這樣的思考如果進行得比較細緻，會幫助各位獲得不少答案，我建議大家試一試。即使只是一個開端，哪怕轉向維持的時間不長，但也很重要。

年齡	我生命中印象最深刻的事	我當時的感受、反應或者處理方法
3歲		
4歲		
……		

3. 可以試著在放鬆的時候，邊看這一節，邊聆聽自己內心的各種聲音，不需要害怕或執著於某個想法，可以放心地讓不同的想法自由來去。

4. 大家可以根據以下表格梳理一下自己的生活情境。可能正是由於你以往的一丁點類似的想法，你看到張沛超這本書的時候，自然內心就會有所觸動。恭喜你！你又回到了一條本該屬於你的道路上。希望大家的心慢慢地轉向自在，過上一種隨處自在的生活。

日期	發生了什麼事情，讓我希望能獲得自在？	針對這件事情，我的想法

第三章

對原生家庭進行精神分析

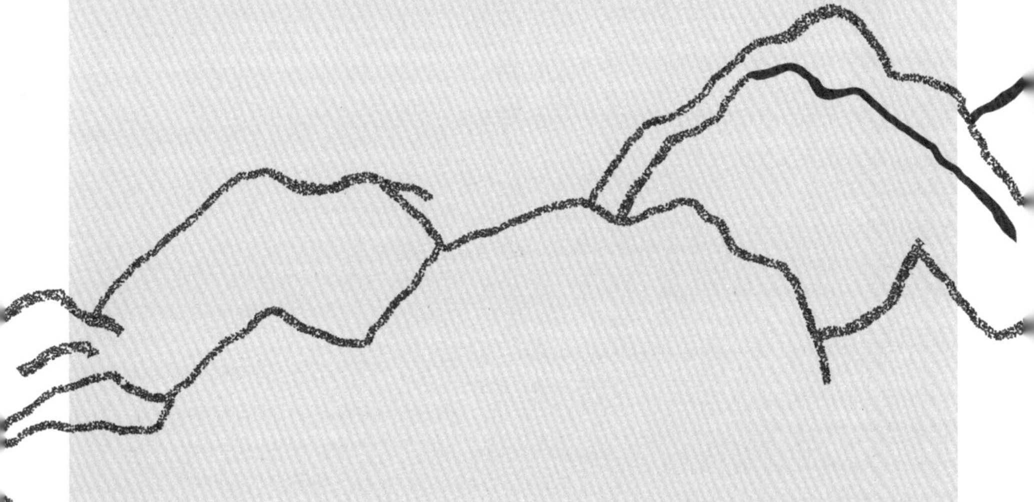

01 傳統家族對心理的塑形作用

#1 即使我們平常在家庭、家族之外生活，仍然會有一種傳統的力量將我們牽入家庭裡。

#2 如果本身就是希望在家庭之外尋找自在，當回到家庭、家族時，可能會體驗到一種角色感或使命感，這容易產生一種自己平時的人格被碾壓的感覺。

#3 遠離了家庭、家族去生活，平常可能會感受不到家庭、家族的影響。實際上，有關家庭、家族的傳統觀念，至少在我們的無意識或者潛意識上仍然施加著作用。

我們接下來這幾節聊一聊家庭。

這一節主要來談一談傳統中的家庭，或者說是家族。儘管我在此處把家庭跟家族互換式地使用，但當我使用家族的時候，指的範圍要大一點，這一點其實也是有中國特色的。

針對家庭的專門工作方式叫作家庭治療。儘管關於家庭治療的所有流派都是來自西方，但是很多人可能並沒有意識到，家庭在中國和在西方，其實是有很多的不一樣的。甚至是在海外的華人，他們在家庭裡頭受到傳統的影響還是很多的。我們這邊如果要問一個人社會方面的定位，會問：成家沒有？工作怎麼樣？單位情況如何？

一個家庭、單位，好像就是一個結一樣。說得好聽一點，這可以給人提供一個安全網。說得難聽一點，就是把人束縛住。我們現在努力地站在一個盡量不偏不倚的角度，來理解傳統對於家庭的塑形作用。

如果我們要談自在，需要處理的問題是：有沒有可能在家庭當中獲得自在？有一個相應的問題是：在家之外能不能獲得自在？如果我們假設自在是可以有，而且是希望有的話，我們就很難迴避家庭這個問題。

每年有一個時間段，對於像我這樣的諮詢師而言，是相對比較多壓力的時候，那就是春節前後。我想不用跟大家多解釋，因為在這個時候，網上的吐槽文都會像一波又一波的海浪一樣，讓人目不暇接。哪怕你平時是在家之外生活，但是在春節的時候，由於一種傳統的力量，還是會被牽入家庭當中。如果你本身就是希望在家庭之外尋找自在，春節期間可能會非常不自在。

當你回到家庭，或者更大一點的家族的時候，可能會體驗到你平時的自體感或者人格感有一種被碾壓的感覺。不管你在一個大城市是怎樣的，當你回到家族之中的時候，你會非常明顯地體驗到一種角色感，說得好聽點叫作使命感。其實無論是這種角色還是使命，我們都不太喜歡。因為傳統的家庭就像一個公司一樣，說是公司的話其實還比較客氣，公司裡很多權利義務還是可以說清楚的。傳統家庭當中具有某種神聖性，此處的神聖性當然是要打引號的。

無論是皇帝的家庭，還是平民的家庭，他們都是這個社會很重要的基本單位。這個家庭，對列祖列宗負有非常大的責任。可能現在對於大多數的中國人來說，對這一點已經沒有那麼切身的體驗了。但是對於有些傳統保留得比較完整的民系，比如說潮汕民系、客家民系，他們把傳統家庭半神聖化的這種價值觀，保存得還是非常好的。如果你們有機會的話，可以去瞭解一下。

一個家庭並不僅是幾個人在一起生活，他們還有很多的使命，比方說他們有繁衍的使命，有孝敬祖先的使命，有和同宗同族的人相互團結的使命，所以一個家庭被鑲嵌在一個家族或者更大的宗族裡頭。如果這個人敢不履行使命，你可以想像：這就像是被從一艘大船上給趕下去了。

我曾經有個來訪者，是客家人，他對自己的生活有一個要求：每年回去要祭祖。而且作為經商有成就的人，他們還要向宗祠和當地的學校捐錢。當他生意沒有那麼順利的時候，他是不敢回去的。

如果你沒有生活在這樣的一個傳統裡，你可能會好奇那些人跟自己有什麼樣的關係，其實大有關係。儘管你不見得很強烈地受到傳統的外在束縛，但是就在內心的層面，有哪幾個人敢說自己完全逃離了這種傳統家庭價值觀、傳統家庭結構的影響呢？我想可能沒有那麼容易否認。

有時候你白天不覺得，但是你的夢可能都會來提示你：你仍然和你的家族有很大的關係。現在大多數漢族人的家庭裡，一般沒有「天地君親師」這塊牌位。但是在部分中國西南少數民族地區，仍然能夠看到這樣一個很醒目的牌位，仍然是擺放在他們家的客廳中央的，這依舊是一個很基本的結構。

所以，一個人如果不在家庭當中，那就意味著好像整個傳統都拿他沒有辦法。他就是一個傳統社會的邊緣人，其實社會不喜歡、不歡迎這樣的邊緣人。如果這邊緣人能夠獲得足夠的經濟方面的自由度，那至少可以在外在的生活層面逃離這種家庭的影響，但是這不代表他在內心層面上一勞永逸地做到了。

我們透過哪些方面能夠看出來這一點呢？透過當事人的一些症狀。當事人的症狀通常細細看來，與他的家庭和家族還是有關的。

我是在深圳做心理諮詢工作，深圳的特點是有很多移民。現在的深圳人很多都是離開了家，至少在物理距離上離開了他們原有的家庭和家族。就日常生活而言，他們似乎並不受家庭或者家族的影響。但是你會發現，當他們有一些憂鬱焦慮的問題的時候，這一部分往往仍然受著家庭或者家族的影響。我們就能夠看出，這種有關家庭、家族的傳統觀念，至少在他們的無意識或者潛意識裡仍然施加著作用。

甚至有一種說法叫作家庭潛意識，或者家族潛意識。也就是說家庭或者家族的成員，他們在底層仍然享受著或者分享著同一個潛意識。就像是在海底，其實本來是同一片海中的山，但是在水平面以上看到的是幾個孤立的小島。這就像是離開家族到了深圳的人一樣，看起來是離開了，但是他們生病的症狀仍然顯示出他對於家庭或者家族的忠誠性。

這樣的例子其實不勝枚舉。一個人的父親很多年前就已經去世了。但是當事人就會有一種驚恐發作的症狀，總是擔心自己的心臟是有問題的。後來才發現他的父親是心肌梗塞去世的。所以，這是對家庭的一種忠誠關係，此處的忠誠是加引號的。他並不一定僅僅和在世的家庭成員連結，哪怕是和去世的親人，仍然可以有很清晰的關聯。這是很難否認的。

正如我說的，臨床上所進行的個人的精神分析，當進行到一定程度，很自然就會變成家庭和家族分析。而一個家庭和家族分析，很自然又會擴展到社會文化的分析。這樣一來大家自然就會意識到：傳統對我的影響比我想像的要大得多。

所以，這種傳統對於我們能不能自在，其實有很大的影響。我們不大可能想像出一種與傳統完全沒有關係的自在，或者說逃離傳統的自在。如果做得到，也可能是臨時的或者不徹底的。

現在有一種方式就是我們會訪問自己在世的親人們，這其實就是一種家庭或家族傳記的工作。這樣的工作並不是為了發表，而是為了我們每個人。當我們發現某些連結的時候，也就意味著我們可以對它們做些什麼，而並不僅僅是在黑暗當中被幾條繩索鎖吊著、控制著。

所以，**如果我們想求得自在，我們需要理解自己的家庭，理解自己家族的傳統**。這樣的話，我們才能知道起點在哪裡，以及自己被什麼樣的因素所影響。一開始可能不那麼容易全部瞭解，要全部瞭解也很困難，因為從我們的家庭開始，到我們的祖先，其實是一條幾乎沒有盡頭的存在之鏈。

02 現代家庭中權力鬥爭的實質

#1 一個連續而且相對封閉的社會，它所能提供的問題解決方案其實是比較固定的。
#2 激烈的反抗本身也提示了其實你受的影響已經很強了，要不然根本犯不著反抗。
#3 父母在我們結婚後，會將權力帶入家庭，尤其是對於獨生子女家庭。
#4 不同的人在家庭中進行較量，實際上是不同的傳統在一個空間中進行較量，有時還會涉及不同文化間的較量。

我們已經談了傳統對於家庭的影響。現在要來看一看在當代社會當中，家庭裡的一些問題。這倒不是說傳統的家庭就沒有問題。我們只要看一下歷史小說，就會知道家庭永遠都是有問題的。但是，當代家庭的問題跟以往是不一樣的。在以往很長的時間段內，傳統基本上是連續的。一個連續而且相對封閉的社會，它所能提供的問題解決方案其實是比較固定的。有時候，答案無非就是到底是按照傳統的藥方，還是不按照傳統的藥方。如果不按照傳統給的藥方，可能就會遭受傳統的懲罰。

但是目前看來，這樣的社會已經發生了翻天覆地的變化，尤其是從二十世紀七十年代到八十年代以來，變化甚大。

傳統的影響好像至少在表層上失去了它的作用，突出表現為一個大家族處於解體的狀態或者解體的邊緣。這種大家族的存在是傳統價值觀能夠一直傳遞下來的一個社會機制。當它解體之後，這種傳統的傳遞就失去了一個機制。這樣一來，無論是個人，還是在個人基礎之上形成的小家庭，其實就漂流或者逃逸在傳統的家族之外了。那種直接的關聯看起來不復存在了。

但是正如我上一節當中所強調的，不要以為家族在心理層面上的遙控已經消失了。在小家庭裡，很多時候我們從小所受的教育，尤其是青春期階段所形成的價值觀，很大程度上是西式的。我們在這裡講西式的時候，就是把除中國傳統之外的影響都算在「西」裡頭。

即使在西式的傳統裡，也有非常多的小傳統。受不同小傳統影響的家庭其實又是各不一樣的。所以就會使得，從七〇後開始，人們的頭腦開始發生變化，八〇後則更加明顯，到九〇後那裡已經變化得比較徹底。人們對於家庭的影響、感知，其實都發生了很大的變化。你想想，每一代人連所看的電視劇都不一樣。

如果你經常看西方的電視劇或電影，很自然地，你可以把某種比較民主的家庭氛圍視為理所當然。甚至你也會希望按照這樣的方式來組建自己的家庭。但是一般來說，當你成家的時候，傳統家庭的影響又會介入。

可能在戀愛的時候，你們基本上就像西方一樣，兩個獨立的人在戀愛。但是一旦到了談婚論嫁的時候，除了很個別的情況，大多數人其實在這時又會開始受到父母的影響，或者是受到家庭、家族透過父母來施加的影響。往往在這個時候，就會對這個還未締結好的家庭形成一些擾動。

當他們開始生育的時候，很可能會迎來一場更大的危機。因為生育才使得這場婚姻成為一個在中國意義上真正的家庭，只是兩個人在一起的話好像還不算真正的家庭。當你們也形成了一個真正的家庭，那麼原先的家庭就更有理由來影響和干涉了。

如果你們只是兩口子，好像很多時候父母管不到。一旦有了下一代，這個時候個別的人可能會有激烈的反抗，但是這種激烈的反抗本身也提示了其實你受的影響已經很強了，要不然根本犯不著反抗。一旦有了下一代，單方甚至是雙方的父母都會介入進來。

很多時候，一些小家庭在這個階段就已經擱淺了，因為生育本身就會引起我們的壓力。隨著生育，雙方各自的老傳統都滲入進來。如果雙方的傳統還很不一樣，比如說心理層面門不當戶不對，或者是習慣層面門不當戶不對，接下來就很「熱鬧」了。

有一個問題會疊加進來，加劇家庭問題的複雜程度，就是獨生子女問題。如果一個家族當中有很多的孩子，其實父母也根本沒有足夠的精力去同等程度地「管」每一個孩子。但是如果是獨生子女，那父母雙方都很有精力，也就意味著來自四個人的傳統，也就是爺爺奶奶輩的傳統都收集到了這樣的一個小家庭當中。如此一來，問題會變得更加複雜。有時候還可能會變得比較惡劣。

還有一個問題也對這個現象有一定的影響，就是遷移的問題。在傳統家庭當中，女方可以說是出嫁。當她離開娘家之後，就進入了另外一個傳統。那麼從傳統這方面來看，就婆家的傳統而言，很多東西不言而喻。一旦知道這是無力對抗的時候，其實也就認命了。這種認命的好處是可能會比較自在，因為自己也不需要有什麼樣的想法了。但是現在這個好處沒有了，因為現在新的家庭，尤其是小的家庭，無論是對於娘家還是婆家而言，可能都有一定的距離。其實都發生遷移了。

在遷移的影響下，下一代和上一代的權力關係發生了變化。這時候，雙方父母就以客人的身分來拜訪。你可能以為父母以客人的身分來，那會比較客隨主便一點。實情是正好相反，越是以客人的形式來，越需要有一種權力感。所以這樣的一個小家庭就暴露在很多複雜因素的影響下，像這種含有中國特色的「4－2－1型」當代家庭，它是產生各種危機的搖籃。有時候這種危機會直接影響到第三代。

而且現在的母親跟傳統的母親不一樣，很多情況下她們是職場母親。職場母親會增加經濟方面的一些收入，但是可能會削弱她在一個家庭當中的話語權。如果這個孩子是由長輩來帶，可能直接帶的人、帶得比較多的人，權力就比較大。

這樣一來，很多權力的「倒置」就帶來了一場看得見或者看不見的紛爭。就像是宮鬥戲一樣，這使得被牽涉到衝突場域當中的每一個人都很難自在，因為每個人的傳統其實都已經不一樣了。與其說是人們在一個家庭當中進行較量，倒不如說是不同的傳統在這樣的一個空間內進行較量。

年輕一代信奉更多的是西方的價值觀，所以在一個家庭內部的紛爭當中，你能夠看得出這背後還存在著文化的差異。有時候，即使不考慮國內外的因素，由於我們國家的地域實在太廣了，不同地區的文化可能都非常不一樣。比方說重慶周邊的傳統、潮汕的傳統、太湖周邊的傳統、河南山東的傳統，其實各有各的不一樣。

如果你沒有辦法，或者沒有足夠的能量來玩這樣一場遊戲，就可能會淪為這種傳統之間的扭力的一種犧牲品。一個傳統像是一把刀刃，兩個傳統可能就像剪刀一樣，如果有很多相互衝突的傳統，那簡直就像是絞肉機一樣了。在這種情況下，甚至都不用說追求自在，可能最基本的一些生活方面的平衡都很難維持。

有時候這些衝突會帶來一些大家比較容易看得到的社會影響，比方說較高的離婚率，或者說留守兒童[6]。其實，有些留守兒童不一定是實際層面的，他可能在心理層面上是留守的。**心理層面的真才是真正的真**。所以當我們講現代或者當代家庭的時候，不可否認的是，一旦我們還想與家庭有所連結，那就意味著影響我們自在的因素實在太多了。

如果沒有信心在衝突當中獲得自在，可能很多人會選擇不進入家庭，選擇獨身。獨身其實也是一種選擇。但獨身的時候如何保持自己的內心盡可能不要或者少受對自己不利的傳統的影響，其實也是一場比較漫長的拉鋸戰。

從這個角度來講，我們想要獲得一種長期的、比較穩定的、真實的自在，所需要考慮的因素比傳統的中國人其實要多更多。因為當你選擇多的時候，你每一種選擇的機會成本也就更高了。所以對於當代人而言，自在變成了一個比較沉重的議題。

6 編註：「留守兒童」是中國近年出現的社會現象，意指父母離鄉至外地工作，因而被留在家鄉或寄宿農村親戚家中，長期與父母分開生活的兒童。

03

家族中的能量傳遞

#1家族系統中的能量傳遞，有縱向的從長輩傳到晚輩的、從晚輩傳到長輩的，還有水平方向的夫妻之間的傳遞。

#2能量根據屬性可以分為正能量和負能量，根據是否明顯還可以分為可見的能量和不可見的能量。

#3可見的正能量是指望，可見的負能量是指責；不可見的正能量是祝福，不可見的負能量是詛咒。

#4考察家族中這些可見和不可見的能量傳遞，有利於我們追求自在。

在這一節中我們來談一談家族當中能量的跨代傳遞。

「能量」這個詞，雖然本來是物理學的詞，但是在心理學當中其實也是被廣泛使用的，甚至從某種程度來說，它也是一個日常語彙。

在家庭當中，能量有很多種流動的方式，比較常見的是從祖先流到現在這樣一種流法，就像我們此前談到過的傳統。有時候也會有一些逆向的流法，比方說從孩子這裡傳遞到父母那裡去。

傳統上來說，跨代傳遞主要指的是自上而下的傳遞。但是正像是我們在上一節當中所分享到的，現在的傳統變得非常複雜，它受到了現代和當代很多思潮的影響。所以很多價值觀其實也是由年輕人來影響父母，甚至年輕人已經開始被自己的孩子所影響了。

當我們來理解一個家族系統當中的跨代傳遞的時候，我們需要留意，這樣的傳遞可以是縱向的自上而下、自下而上；也可以是橫向的，就像是兩個人締結婚姻，他們之間其實也發生很多能量的流動。

我們其實就處在這樣的一個能量場當中，在我們能夠對能量場做任何的修改之前，我們其實已經受它影響很久了。如果兩個人在一起，遇到彼此，那麼其實他們是各自攜帶著不同的能量系統到一起來的。

說起能量，一個分法就是正能量和負能量。不過我在此處說正能量和負能量的時候，跟社會上通常的說法其實還是不一樣。最好不要把正能量理解為「雞湯」或者「雞血」，負能量也不一定完全帶來壞的結果。所以一個很大的前提是：正跟負不是截然而分的。有時候正中有負，負中有正。

另外一種分法是能量是可見的還是不可見的。通常而言，可見的能量大家都比較熟悉。比方說在一個家庭當中舉辦一個生日聚會，這個時候來自長輩的祝福，其實就可以說是可見的正能量。

可見的正能量大家並不陌生，因為在很多廣告當中，我們都能夠看到這樣一些場景。廣告通常希望大家把一個家庭視作購買單位，這樣的話人們可能更願意掏錢。比方說汽車廣告裡，一家人坐著車去郊外野餐。這其實也是一種可見的正能量。如果這種可見的正能量比較純粹，孩子理應在這種正能量的傳遞儀式當中感覺到父母的愛。可見的負能量通常會在很多電視劇當中以某些典型的橋段來展現。比方說之前熱播的電視劇《都挺好》，我們能夠發現其中有很多可見的負能量。

如果用一個詞來概括可見的正能量，這個詞可以是「指望」。可見的負能量通常是「指責」。指望和指責一字之差，給當事人帶來的感受是非常不一樣的，甚至可以說指望的反面就是指責。如果我們對一個人沒有指望，我們其實沒有權利去指責這個人。

當談到「指」的時候，會有一個成語「千夫所指」。被大家指望固然好，比方說一個人聚集了家庭乃至家族的很多期待和祝福，但是如果他的表現不能夠令大家滿意，其實很容易就轉化到它的反面——可見的負能量，也就是千夫所指的「指責」。

所以有一些人會同時逃離這些「可見的正能量——指望」和「可見的負能量——指責」，是不是這樣，他就能夠徹底地逃脫家族的系統呢？其實不一定。家族中，除了可見的能量傳遞，其實更多的是不可見的能量傳遞。很多時候你沒有意識到家庭系統以自上而下的方式，傳遞著很多能量。不管是傳遞的人，還是接收的人，他們可能都沒有留意到這樣的傳遞。

通常而言，一個家族當中不可見的負能量傳遞，會在臨床的諮詢當中比較常見。如果用一個詞來概括，我想到了「詛咒」這個詞。你也可能會很意外。為什麼要被自己的長輩或者長輩的長輩所詛咒？這裡頭說起來有太多太深的東西。因為他選擇生下了你，所以希望你攜帶家族的特徵和特質，只有這樣，你才是這個家族的人。所以如果你膽敢去掉這些標籤，那你就會站到整個家族的反面，有時候，這個家族就隱形地傳遞了一些詛咒。

很多時候當事人會莫名其妙地感到一種身心的痛苦，身心的不自在，其實可以說是吸收了這些傳遞過來的不可見的負能量。如果不進行系統探索和考察，那一個人往往不知道他在怎樣的一個詛咒體系裡。詛咒的反面是祝福。很多祝福其實也是沒有說出來的。有些時候長輩可能表面是比較嚴苛而缺乏溫情的，但其實在背後有很多溫情的祝福，這些就是不可見的正能量。

有些人儘管身心受到了很多痛苦，但是如果你要算總帳的話，你會發現他好像過得還不錯。他從很多方面來看是成功的人。而且儘管他心靈受苦，但是當他從這些苦當中成長起來之後，其實也獲得了很大的心理靈活性和心理韌性。我們可以說他其實接收到了這個家族的不可見的正能量，一種無聲的祝福。

我接下來想說的是，這些不可見的正能量和負能量，很多時候在很深的地方是交織在一起的。明明是詛咒，卻以詛咒的方式傳遞出祝福。你們能夠想到這樣的例子嗎？

比方說一位母親，她總是以各種各樣的方式影響自己的女兒，這不一定是說得出來的。總之是使自己的女兒看起來不太有女性魅力，不怎麼會打扮，不太受男孩喜歡。可能多年之後，這個女孩子會漸漸地意識到這一點。當她和母親去核對這一點的時候，連母親也覺得很意外。她們經歷了一個共同探索，得知母親當年曾經因為女性魅力這方面，而受過創傷。她不知道如何去保護自己的女兒，因為她說不出來，但潛意識裡做了。這就是以一種不可見的詛咒的方式，傳遞著一種保護或者拯救的願望。

當我們要追求自在的時候，除了可見的能量傳遞，我們更應該去考察自己在家族當中所接受的不可見的能量傳遞。而且這些不可見的部分，它的正能量和負能量往往是深刻地交織在一起的。我不知道有多少人曾經從這個角度來思考問題，因為它的確不是日常中我們會自發去思考的一個角度。其實只有在臨床諮詢累積到一定程度的時候，你才能夠發現這些暗在的複雜交織性。

04

原生家庭對人格的影響

#1 原生家庭的確對一個人的人格成長有著巨大的影響。

#2 一個剛出生的嬰兒，世界裡只有母親，他是透過跟母親的關係來看待外在世界的。

#3 一個人的經歷，還有他的環境，是可以改變他基因的表達的。

#4 一些極度憂鬱的人，對原生家庭決定論有著強烈而堅定的信念。或許正是這樣的信念把他們拖到這種情緒的泥潭裡了。

#5 原生家庭的確解釋了很多人的病理現象，但是當人在逐漸康復的過程當中，又能看到原生家庭在他身上的正向影響。

我們在這節中討論一下原生家庭這個問題。

現在關於原生家庭有兩個極端。第一個極端基本上就是原生家庭像是決定了一個人的一生一樣，無論這個人過得怎麼樣，根子一定在他的原生家庭那裡。如果他現在成的這個家有一些問題，還是會追溯到他從原生家庭裡所帶來的麻煩。另外一種聲音則非常激烈地反對原生家庭論，他們會引用一些學院心理學的證據，來證明用原生家庭決定一個人的一生是無稽之談。

其實雙方都有自己的一些論據。考慮到我們此前談到心的轉向的時候，已經談到過從實體轉向緣起這樣的一個轉向，我們不妨就把這樣的一個視角應用在對原生家庭的理解上。

一個人的問題，如果說跟原生家庭一點關係都沒有，其實也挺奇怪的。因為他跟原生家庭之間的這種關係，就像路徑依賴一樣，的確影響到了他後來與很多人的關係。

就我個人所持的取向來看，我認為原生家庭的確對一個人人格的成長有著巨大的影響。精神分析流派非常看重一個人的童年對他人格形成的影響。一個人在童年所體驗到的世界可以說就是他的原生家庭了。原生家庭裡有很多看得到的、可以測量的，可以觀察的東西。此外，還有很多不一定看得到的、很難測量的，即使在家庭當中的人也觀察不到的東西，就像我們在上一節當中所談到的一些看不到的正能量和負能量。既然看不到，那麼這種影響很難測量，很難用科學的方法去驗證它，但是在臨床當中，我們的確可以慢慢地看到。

一個人剛生下來的時候，他的世界可以說只有他母親本身。他是透過跟母親的關係來看待外在世界的。當然了，母親也並不是對自己所有的態度和行為都完全保持覺知的，這是不可能的。

比方說，一個人莫名其妙地對光頭的男人很恐懼，想方設法地避開可能與光頭男人碰面的場合。後來他才發現，原來自己的母親對於這種形象的人也會有非常恐懼的反應。當然他並沒有去母親那裡調查或者核實這是怎麼一回事。

我們可以做個思想實驗。這個人很小的時候，母親抱著他在一條街道上走。如果碰到一位母親所害怕的這種形象的男士，即使母親不見得能夠很清晰地意識到她遇到了一個令她感到恐懼的場景，她也可能會心跳加速、呼吸變淺，身上可能還會有汗。母親並不需要告訴孩子，她目前正經歷一個對她而言有威脅的情境，孩子還是能夠非常直接地習得這樣一種反應。

如果這樣的場景多次發生的話，這個來訪者可能就會莫名其妙地繼承這一反應。這個過程當中其實並沒有母親意識的參與，也沒有母親言語的參與，來訪者可能也沒有意識到這些。但是這個模式可能就已經傳遞下來了。這其實就屬於不大容易看得到的影響，是很難測量的，你只有在諮詢案例當中才能夠發現這一類影響。

剛剛只是一個有趣的極端例子。其實除了這一類的訊息傳遞之外，原生家庭對孩子的塑造還有很多方面的影響。基因層面上的問題，也可以算作是原生家庭的影響，因為我們的基因是遺傳自父母的。而且目前的人類遺傳學研究發現，在DNA的序列完全不改變的情況下，一個人的經歷和他周圍的環境，是可以改變他基因的表達的。這種遺傳學叫作表觀遺傳學。

表觀遺傳學可能會有哪些影響呢？比方說一個家庭當中經常有創傷性很強的氣氛、很高濃度的負性情感的表達，這樣一種情緒它就會作用於下一代。從什麼時候開始起作用呢？說出來你都不信，在這個受精卵還沒有形成的時候可能就已經起作用了，因為父母各自的情緒影響到精原細胞、卵原細胞的基因表達方式。

在整個孩子的成長過程當中，可能都會受到這樣的影響。儘管科學已經揭開了一點這些影響的面紗，但也不是所有的都被很好地測量和研究。我認為從緣起的角度而言，原生家庭可以說是孩子最開始遭遇的世界，也是他與這個世界的其餘部分形成關聯的重要緣起。

我很難想像為什麼會有人千方百計地想把原生家庭的影響抹去，至少從臨床的角度而言，這種做法是很反直覺的。而且臨床方面的依附理論以及阿德勒所言的出生次序對孩子人格的影響，這些幾乎已成定論。

但話雖這樣說，我本人是反對原生家庭的決定論的。有的來訪者來到諮詢師這裡，看起來非常絕望、無助。因為他深深地相信他生命當中無論是看得見的還是看不見的，很大程度上都已經被決定了，所以就沒有希望了。

有時候我會去問他：「你某一天會走進諮詢室，會來見我，或者像我這樣的一個人，這也是被決定的嗎？」這通常會引起來訪者的反思。如果全部被決定，我們其實什麼也做不了，只能看著一張已經被完全規劃好的設計圖，最後變成一棟建築，我們還有必要邀請人來看嗎？其實也不是真的被決定了，這來訪者內心的確是被一種受限制的、沒有希望的感覺所籠罩。但是如果他內心完全相信決定論，他根本就不會來找諮詢師。所以我相信至少來尋求幫助的人，他應該對「被原生家庭所決定」這一點並不是深信不疑的。

當然在某些情況下，比如在一些極度憂鬱的人群當中，你會發現他對決定論有著非常強烈而堅定的信念。可能正是這樣的信念把他們拖到這種情緒的泥潭裡了。

而且就像我在之前的分享當中提到的，一個家庭會傳遞看不見的負能量。可是，它也會傳遞一些看不見的正能量，這種正負能量之間還存在著複雜的辯證關係。

有時候可以這樣說，原生家庭的確解釋了很多當事人的病理現象，但是當事人在逐漸康復的過程當中，你又能看到原生家庭在他身上所施加的正向影響其實也是慢慢被發現的。人不喜歡內心有衝突這件事情。如果原生家庭完全可恨，我們就可以放心大膽地去恨它。如果於此同時，我們又知道它不是那麼壞的，不是百分之百壞的，內心就會有衝突。沒有人喜歡這樣的衝突。

所以很多時候我們會加工原生家庭對我們的種種影響，把它變成一種看起來沒有衝突的形式。

最常見的方式就是當它是完全壞的，所以我有理由逃離它，或者有理由懲罰自己。因為懲罰自己，看起來就是對原生家庭的一個比較不錯的報復。

你會看到，有些人在這樣的一條路上走得還挺遠的。當然他們在一個合適的緣起下，也可能會尋求他人的幫助。一旦他想尋求他人的幫助，那就說明在他的心裡，相信世間有幫助他的人。如果原生家庭從來沒有給他帶來任何這一類的體驗，「相信別人會幫助我」的信念又從何而來呢？

所以很多時候無論是毒藥還是解藥，其實都在原生家庭裡頭，或者說在原生家庭背後的家族系統當中。我們只要耐心地去尋找，你會發現，使自己能夠獲得自在的因素，其實也是在這樣一個讓我們覺得很沉重的原生家庭裡。

05

現代家庭中的角色混亂

#1 如果我們把自己固著在一個兒童的位置，認為自己還沒有當夠孩子的話，那在面臨新家庭當中的角色需求的時候，比如當爸爸、當媽媽，其實很難勝任。

#2 如果在原生家庭裡，我們的角色得到了充分的成長和分化，那會更敢於放心大膽地接納或者整合自己的新角色。

#3 角色紊亂往往會帶來界限不清的問題。當夫妻之間的界限出現問題的時候，孩子會被吸入一個問題系統當中。孩子會被父母其中一方捕獲，使得他們之間形成了一種可能非常黏著，也可能極其衝突的一種關係。

#4 孩子會忠於家庭，既忠於他的母親，又忠於他的父親。如果父母之間有激烈的衝突，他甚至會忠於激烈的衝突。這帶來的表現就是他的內心經常充滿著激烈的衝突。

#5 情緒會干擾我們對家庭和家族的感知。我們對於家庭和家族的感知其實最容易情緒化了，因為很多原始的情緒本身就是從這個系統當中帶來的。

我上一節支持了這個觀點：原生家庭對我們有影響。這些影響，就是理解現代家庭各種麻煩的觀察點。當然，從緣起的角度來講，一個麻煩的形成肯定是有很多因素的。那麼，在這些麻煩當中，一個比較顯著或者突出的，就是角色紊亂。

我們在臨床上會看到這樣的一種家庭，它的角色紊亂到什麼程度呢？一言以蔽之，這個家庭當中，爸爸不像爸爸，媽媽不像媽媽，孩子不像孩子。

如果考慮到延伸的家庭，也就是雙方各自的家庭的話，你會發現，很可能他們各自的父母也不太像父母。有些時候他們各自的父母可能還要與孩子這一輩爭寵。如果這是一齣戲的話，這個戲服大家似乎都穿錯了。可能童裝根本做得不夠，因為大家看起來都想穿童裝。有些時候可能爸爸穿著媽媽的衣服，媽媽穿著爸爸的衣服。還有一些情況，可能爸爸沒有穿衣服，跟孩子一樣，而媽媽是既穿著媽媽的衣服，又穿著爸爸的衣服。

家庭的角色紊亂，的確是很多麻煩的一個表現。為什麼呢？在成家的時候，其實所有人都經歷了角色的轉變，尤其是在生育之後，一個男人要迎接父親的角色。很多時候，男性可能在表面上很希望自己盡快當上父親，但是他的潛意識不見得這樣想。可能伴隨著當上父親之日的臨近，麻煩就意想不到地冒出來了，因為他覺得，接下來要適應這樣的一種角色，其實是一種危機。對於女性而言也差不多。這是剛完成生育後的家庭。

有些家庭可能孩子是青少年了。這個時候，如果父母的角色太不給力，你可以發現這個孩子會在情緒和情感上照顧起自己父母中的某一方。在比較糟糕的情形下，他可能要照顧父母雙方。這樣一來，這個孩子跟父母的角色就倒置了。

如果我們都在各自的原生家庭裡，始終固著在一個兒童的位置，也就是說，如果我們還沒有當夠、演夠自己兒童的這一面，那在面臨新家庭當中的角色需求時，其實是很難勝任的。從這個角度來講，我們在原生家庭裡，自己的角色是不是得到了充分的成長、充分的分化，這與我們敢不敢放心大膽地接納或整合下一個角色，有很重大的關係。

角色紊亂的情況，往往會帶來界限不清的問題。比方說，夫妻之間其實應該存在著通透性比較好、彈性比較充足的界限。但是，夫妻之間可能會有很多的隔閡，使這個界限變得非常僵硬。當夫妻之間的界限出現問題的時候，孩子會被吸入到這樣的一個出了問題的系統當中。他可能會被父母雙方的其中一方「捕獲」，這會使得他們之間形成了一種非常黏著、非常親密的關係，或者是在親密關係裡頭有很多衝突。這樣的關係聯盟是具有排他性的。這樣的話，家庭當中就不是一個比較均衡的三角，可能最後會被壓縮成一個線段，也就是說這兩個人的系統可能會完全融合。

有些時候，來自長輩的原生家庭裡的侵入力量，也會破壞家庭當中的種種界限。一個家庭的良好功能，依賴於人與人之間合適的界限、合適的距離。如果沒有界限的話，就像是一個房子，它中間的廁所的門、廚房的門和浴室的門全都壞掉了，所有的房間都可以自由出入。這樣的話，這個房子的使用價值就可想而知了。當一個家庭中出現角色混亂的時候，就會帶來這種界限不清的問題。除了門壞了，也有可能這個門被鎖死了，這就是各種各樣的界限問題。

當界限一旦失去之後，就會形成很多「三角化」[7]，三角化是家庭治療中的術語。其實我剛剛已經講了，孩子跟父母之間會形成三角化。本來是父母之間的問題，接觸三角化之後，孩子就被吸入這個系統了。一旦被吸入這個系統之後，孩子就需要把自己奉獻給這個三角關係來穩定它。

其實，兒童、青少年能夠正常成長，往往是因為家庭不會給他派遣穩定三角關係這種非常難的任務。相反，家庭應該是信心、支持的一個可靠來源。如果該有的沒有，不該有的又有這麼大的劑量，這麼一正一反，孩子出現心理問題，其實就是順理成章的事。

有時一家人來做諮詢，即使只看到父母，這個孩子的狀況我心裡頭其實已經知道得差不多了。簡單來說，換成誰在孩子這個位置上，都會被「撕開」的，因為他被派遣了拯救家庭的任務。

孩子會忠於家庭，他既需要忠於他的母親，又需要忠於他的父親。如果父母之間有激烈的衝突，他甚至會忠於激烈的衝突。這帶來的表現就是他的內心經常充滿著激烈的衝突。

當一個人的內心經常充滿這種有關家庭的激烈衝突的時候，他會如何展望自己的家庭呢？有一部分可能會對組成一個家庭，已經有了三分恐懼。再者呢，由於他內心存在這樣的衝突，所以他容易找到具有類似衝突的另外一方。這樣一來，兩個人就各自攜帶了原生家庭裡的衝突，當他們組建家庭的時候，你可以想像他們多大程度上能夠做到只是兩個人在一起呢？可能有很多看得見的和看不見的能量，會在空中展開爭鬥。如果他們有孩子的話，孩子很自然地就會成為能量傳遞的下線。

從這樣的一些麻煩可見，如果要完全拔除與原生家庭的關係，在我看來的確是有悖於常識，且有悖於臨床上的觀察。所以我們需要思考，我們從原生家庭裡繼承了怎樣的使命和任務呢？我們被派遣了什麼必須幹的活？

就像是所謂的「鳳凰男」[8]，其實他是攜帶著使命的，而不僅是一個人的事。身懷如此大的一

7 三角化：原本是兩個人之間的關係問題，引進第三人參與。在這裡表示父親、母親和孩子之間產生的特殊情感與聯盟關係。

8 編註：中國網路用語，脫胎自俗語「山溝裡飛出金鳳凰」，用以指與都市女性結婚的農村男子，通常用於聲討因城鄉觀念不同而造成婚姻或婆媳問題者，帶有貶意。

個使命，當他組建家庭的時候，彷彿這個家庭的成員也要變成他完成這個巨大使命的戰友了。但婚姻中的另外一方會不會這麼想呢？通常而言不會。因為那是你的使命，我還有我的使命，甚至我還希望你和我一起來履行我的使命。

所以當我們組建家庭之前，說得可怕一點，我們本身就是有負資產的，是一個「欠債」的狀態。欠債固然可以逃，但是冤有頭、債有主，不見得能夠一勞永逸地逃開。在心理層面可能總是有隱隱的不安，有不自在。

我們在這裡也並非鼓勵你乾脆不要發展。「你既然是一個有債的人，你用你的整個生命來還債算了」，有人的確是這樣想的。我們不鼓勵這種看起來消極的悲觀主義。

如果能夠好好地看一看自己的生命，我們其實是有破局之法的。我們從自己的家族角色當中，其實是可以分化出來的。只有完成這樣的分化，我們才會有足夠的力量。當我們有了足夠的力量，才能夠完成這個家庭對於我們的一些需求。有些時候需求其實並不多，但是我們主觀上會加工它，會覺得暗無天日，沒有還清的那一天。這樣內心就很絕望，肯定不自在了。

所以我們還是要看一看，可能事情沒有想像中那麼可怕。因為有些時候，一些情緒會干擾我們對家庭和家族的感知。我們對家庭和家族的感知其實最容易情緒化了。因為很多原始的情緒本身就是從這個系統當中帶來的，所以這些原始情緒本來就處於一個容易被家庭事件啟動的狀態。

06 夫妻雙方的原生家庭帶來的影響

#1 家族，可以說是一代又一代的婚姻。
#2 夫妻之間的互動，某種程度上也是各自原生家庭的互動。
#3 夫妻雙方的父母是否合得來，對於婚姻關係來說很重要。

這一節來談一談婚姻的問題，婚姻其實就是家庭得以形成的一個緣起。所謂家族只不過是一代又一代的婚姻。

有關婚姻，我以前有過一個說法。這個說法其實是從老師那裡聽來的，只不過我後來又豐富了它，叫作「一張婚床上躺著六個人」。這其實是一個思想實驗，如果兩個人想在一起，你可以請對方來做一做思想實驗。當然，如果兩個人的熟悉程度還不足以做思想實驗，我覺得可以再等一等。

為什麼會是這樣？大家聽完思想實驗的介紹，差不多就理解了。

首先不管你是男方還是女方，因為這些計算其實都是對稱的。你要看你的爸爸和對方的媽媽能不能過好兩口子的生活，如果覺得他們能過得特好，那就加五分。如果他們在一起是徹頭徹尾的災難，那就扣五分。零分就是一個中間狀態，你可能實在不好說他們相處起來會是怎樣。這就是第一步計算。如果你覺得他們能相處好，就給高分；如果你覺得他們不能很好地相處，就給低分。

第二步，你要看你的媽媽跟對方的爸爸能不能過好兩口子的生活。計算的方法跟剛剛一模一樣，也是從負五分到五分的範圍。

第三步，要看你的爸爸跟對方的爸爸能不能當好兄弟，也是從負五分到五分的範圍。

到了第四步，我相信大家基本上都能猜出來了，要看你的媽媽跟對方的媽媽能不能成為好姊妹，也是從負五分到五分。

這樣，各位其實也就知道了，最後得分範圍理論上是從負二十分到二十分。但是我猜想，負二十分應該不大可能，如果是這種情況，兩個人怎麼會碰面呢？怎麼會相處到能夠做思想實驗的程度呢？很難想像，只有編小說才會這樣編吧。

那二十分，我覺得理論上是有可能的，但是我還真的沒有見過這樣的組合。這也是由於我們臨床諮詢工作所見的都是異常的個人、家庭和婚姻，所以我們通常而言，不大容易見到如此理想的情況。

有人如果能算出一個得分，就能看得出他對於對方的家庭，以及自己的家庭都比較瞭解。這本身其實就代表你們的關係已經比較深了。

如果雙方關係沒有那麼深的話，你可能都沒有接觸到對方的父母，那就沒有辦法做剛剛的思想實驗並計算得分了。所以一般來說，能夠做思想實驗的人，通常而言是一個正值分。也就是說在他們的關係當中，這種使他們能夠連結的力量，其實已經比較強了。

也有人的確算出負分，算出負分後他會告訴我：「哇，那不會吧！我們兩個人的關係很好，結婚只是我們兩個人之間的事情。我們原來的家庭不管怎樣，那些都已經過去了。」如果他實在不信，我也只好說：「我祝你們幸福，但是請不要怪我烏鴉嘴，你們的關係往後如果出現一些小麻煩的時候，可以利用這個思想實驗來看一看，這個麻煩究竟出在哪裡。」

對於大多數家庭，一般來說，在剛剛計算的這四個項目當中，有兩項是正值的。因為有兩項是正值，才有可能大概率上保證總的得分是正值。所以他們能夠在一起過得不錯，這也是由於他們的父母內在形成了我剛剛所說的這些聯盟。

但是如果這樣的關係出現了一些問題，剛剛的思想實驗其實還是有一個很精妙的作用。那就是可以看一看這個問題是由於你父母當中的哪一方，跟對方父母的哪一方發生了衝突。也就是說你們之間的互動，它背後的本質其實已經變成了他們倆之間的矛盾和衝突了。重新做一下思想實驗，往往能夠使人明白他們的衝突是怎麼一回事。

這個實驗當然是一個無比簡化的版本。各位可以想一下，雙方各自的父母是不是又各自有父母呢？他們不是從天上掉下來，或者從石頭裡蹦出來的，他們本身其實已經繼承了剛剛我們說的這種內在組合了。

有人會問我：「我父母其實都已經不在了，或者其中有一方不在了，我也沒有見過雙方父母在一起交往的任何場景。你這個題我該怎麼做？」這沒有問題的。如果你對自己的父母足夠瞭解，對對方的父母也有一定程度的瞭解，想像一下他們碰面會怎樣，其實也不是很難的，對不對？

如果這個人不需要碰面，甚至也不需要活著，就能夠做思想實驗的話，也就意味著一張婚床上躺的不止六個人。這裡的六個人，是指你、對方與各自的父母。但其實，父母上面還有父母，有些早就不在人世了。所以，躺的還不一定是活著的人，這想起來令人毛骨悚然。在一些家庭當中，你能夠看到有些躺著的可能是隔了一代的長輩。在更戲劇化、更典型的家族當中，還可能是隔了兩代的一位祖先。這位祖先的影響並沒有消失，他的能量場實在是太強了，所以他的影響仍然能夠作用於這對小夫妻之間。

所以我們不可忽視這一點：我們的確處於家族的傳統當中。把這一部分好好盤算一下，我們就可以看到，雙方是不是在心理層面門當戶對。

有時候，我們可能只傾向於計算意識層面。無意識層面的東西，可能我們要麼是不知道，要麼是不想算、懶得算。在意識層面比較好算，比如我們都喜歡旅遊，喜歡美食。這些看起來就成為兩個人在一起的理由，而且絕對可以持續地在一起。

個人無意識的部分，可能跟我們家族、家庭的無意識是相通的。通常我們在年輕的時候，離原生家庭有一些距離。比方說你去外地求學，然後又自己工作，經濟獨立，所以我們這個時候呈現出的是受原生家庭影響最少的時候。這時候的我們很容易只計算人格當中比較外顯的部分、意識當中比較靠近表層的部分對我們的影響。很多時候，一個人戀愛、求偶、成家，也就是在這個階段，所以我們會覺得這是一個全新的開始。

其實，我們的確應該為人類有這樣的喘息機會感到開心，感到興奮，並且為他們祝福。如果是一對新人，那麼他們對於自己原生家庭中這些東西的意識化的程度可能並不高。不然，他們可能真的沒有去步入婚姻、組建家庭的勇氣了。

有時候這種盲目也是加引號的，也不完全是壞事。但是當你們的關係出現問題的時候，剛剛這個實驗的演算法就是一個很不錯的思路。

其實從婚後到生育，尤其是生育，會帶來一個孩子，有了孩子後，對於夫妻雙方而言，彷彿自己的童年都要被再演一遍。而且往往由於孩子出生的緣故，雙方父母或多或少都會介入。有時候，夫妻雙方會很驚訝地突然認識到：我的父母居然是這樣對待我的孩子的。好像突然他們就明白了，當年父母是怎麼對待自己的。

人們這時候可能會氣不打一處來，之前覺得父母的事情已經過去了，現在又感覺到還沒有過去，「你們居然這樣對待我的孩子！」這可能會產生很激烈的衝突。這樣，一個家庭系統當中突然就灌注了很多負能量，可能是暫時很難轉正的負能量，這往往會成為小家庭的考驗。

在一張婚床上的這些人，甚至不光是人，有時候還有鬼，他們會打起來。這樣一來，婚姻的確是很考驗各位的修行，因為我們很有可能在這種情況下想：「我不考慮過去了！我也不考慮自己！我還是不要對自己好奇了！」「你要趕緊決定我們在不在一起！」「這個問題究竟對方負多少責任？」「接下來我們該採取什麼樣的行動？」「我們離婚吧！」

這樣一來，家庭當中面臨的危機就被實體化了。好像這個危機不是一個與我們各自的過去廣泛關聯的現象，我們就想把這個實體除之而後快。其實這個時候往往又成了悲劇的一個續篇。當然，在臨床當中這樣的戲碼的確是太常見了，諮詢師總體而言是一個價值中立的角色。

其實家庭關係是不是一定要像古人那樣持續到地老天荒呢？這倒也不必。但如果你想過得好，總歸還是要從經驗當中學習的。

專欄

日常訓練法③

1.為了擁有比較真實的自在，我們無法迴避的問題，就是我們處於傳統當中的家庭。大家不妨翻開你們家族的老相簿，好好看一看，看看這個相簿給你一種怎樣的感覺，看看哪些人可能一直不太去想，但是看到照片的時候卻有很多感應。如果你們方便的話，今天就可以去做這件事情。等自己覺得時機成熟的時候，再去做家庭或者家族傳記的工作。

誰的照片？畫面上有什麼？	我對這張照片的感覺

2.我們需要算一算帳，什麼樣的傳統在影響著我們？我們可以做一些反思：在自己目前的決策體系、價值體系裡，有多少來自父親？有多少來自母親？因為父母本身就是不同的傳統。有多少來

自自己的求學生涯？有多少來自自己的伴侶？它們之間是一個怎樣的關係？是不干擾，是相互衝突，還是比較激烈的衝突呢？

哪怕我們不見得把這個帳算得很清楚，但是會有這樣的一個意識。如果我們想真正追求自在的話，真的要好好看一看，當下我們處在一個怎樣的景況當中，這一點是很重要的。

生活中常見的、重要的事情	我的反應、處理方式	我父親可能的反應、處理方式	我母親可能的反應、處理方式	我伴侶可能的反應、處理方式	社會上期許的反應、處理方式	這些反應或者做法之間的關係
例：過紅綠燈						

3. 大家可以再次去看自己家族的相簿，帶著更多的覺知，去體會這些照片給自己帶來的感覺。就以前文分享的二乘二（正負能量，可見、不可見的能量）的方式，來體會每一個人對你的影響。

	正能量	負能量
可見的		
不可見的		

這倒不一定就會達到一種意識層面上很清晰的洞察。但是這樣的感受或許會埋下一顆種子，它讓我們有覺知地和自己的家族連結。哪怕我們最終離開這樣的家族，但也還是會有很多不可見的能量傳遞。我想這些不可見的部分，漸漸地變得可見，可能離自在的目標就會更近一步。

以上僅僅是考察了垂直自上而下的傳遞。同樣的思維方式，也可以用在垂直自下而上的，以及水平之間的傳遞。這些就交給大家自己去體會了。

4. 根據下列表格，看一看自己的原生家庭，可能會存在哪些解藥呢？這些解藥可能會藏在哪裡呢？這樣一想，說不定會有不錯的收穫。

讓我感到不自在的事情	家庭可以怎樣幫助我	誰是關鍵人物

5. 我們要留心，自己對於家族和原生家庭，懷有一種怎樣的情緒。既然它是一塊有顏色的鏡片，它有什麼樣的顏色，其實我們是需要覺知的。因為如果完全沒有覺知，我們對於家庭的感知可能就被局限在這一種顏色裡頭了。

我對原生家庭懷著怎樣的情緒	原生家庭給我的使命	原生家庭中各個角色的特點

正像此前我們談到過的轉向心一樣，我們從行動轉向好奇，這種好奇使我們增加智慧，靠著這種智慧，我們才能夠在這樣一種能量場當中保持自己的位置。

6.各位可以做一做以下的思想實驗，打打分，看看有什麼發現。

	我母親和對方母親的關係	我父親和對方父親的關係	我母親和對方父親的關係	我父親和對方母親的關係	總分（心理層面匹配程度）
分數					
筆記（可以做一些說明）					

第四章

六步修復原生家庭結構

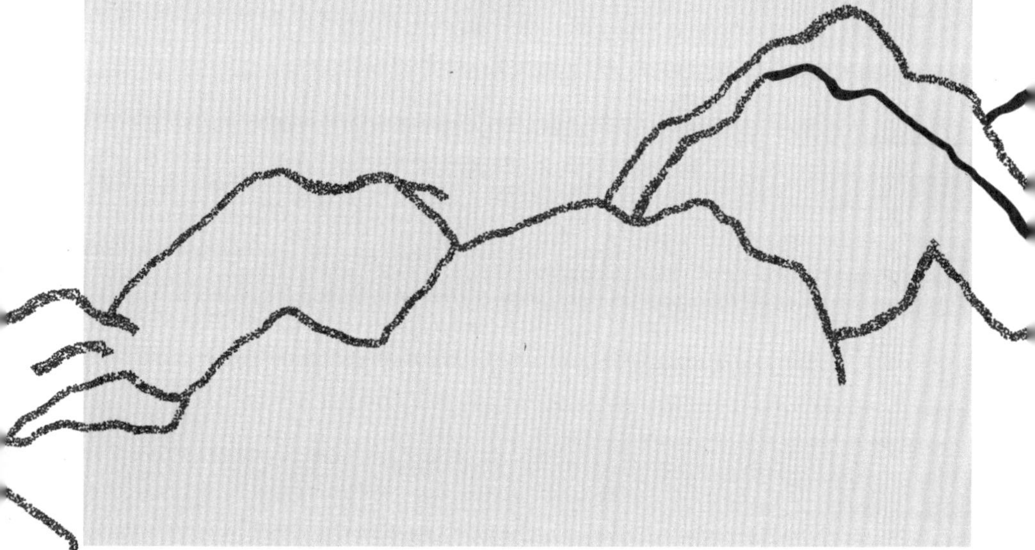

01 重建不曾得到過的安全依附

#1 重建依附是修復原生家庭結構並從中獲得力量的第一步。

#2 我們幾乎所有人都在這個世界上尋找著可依附的對象。因為依附是我們生命早期最重要的關係，是我們能夠生存下來最重要的保障。

#3 迴避型的依附是不願意與人建立關係；焦慮型的依附是與人建立關係的時候很矛盾，很衝突；紊亂型的依附是跟人的關係非常紊亂，忽遠忽近。

#4 我們可能會在家庭之外找到人當作我們的「家人」，這是重建依附的一種方式。

我們今天來講述「重建依附」這個議題。

家庭如何讓我們不自在？我們要系統地來談一談，如何從這樣的問題裡解脫出來。我想說的很重要的第一步，就是重建依附的問題。

即使完全沒有心理學的背景知識，也沒有從事過心理諮詢的經驗，僅僅靠日常生活中的觀察和思考，我相信很多人對於以下這個結論也並不會感到懷疑：**幾乎所有人都在這個世界上尋找著可依附的對象**。因為，依附其實是我們生命早期最重要的關係，是我們能夠生存下來最重要的保障。

我們跟自己的首要撫養者，通常是母親，其實就是一種依附的關係。如果一切進行得正常，孩子會發展出安全的依附。如果這個過程中出了些問題，可能就會有各種各樣的非安全型的依附。比方說可能是迴避型的依附，即不願意與人建立關係。也可能是焦慮型的依附，即與人建立關係的時候很矛盾、很衝突。也有可能是紊亂型的依附，這個時候跟人的連結就非常紊亂，忽遠忽近。可以說一切關係的一個可參考的原型，都是在嬰兒和兒童時期對自己的母親的依附關係。

如果一開始能夠比較好地得到一種安全型的依附關係，那麼他可能很自然對這個世界就是比較信任的態度。如果沒有的話，他可能在這個世界上就感覺沒有那麼安全、那麼自在了。但是他後天也會去尋找各種各樣的關係，依附的本能會推動他去尋找替代品。比方說你會看到兩個人在一起，很多外在條件好像不是那麼匹配，但是他們過得好，有可能他們其實是彼此的安全型依附客體。

如果一個人在這方面有困難，他可能在每一段關係裡都會把對方視為一個需要依附的對象。儘管，依附在所有的關係裡處於背景性、基礎性、核心性的地位，但是畢竟成年人的關係不僅是依附，可能有承諾，有浪漫，甚至包含一些工作關係。如果你在所有的關係裡，都要去尋找沒有得到好好滿足的依附的話，可能會給自己帶來很多麻煩、很多不自在。

很多人進行心理諮詢，其實這也是一種重建依附的努力。還有非常典型的情況，他會在自己的家庭之外找到一系列的家人。怎麼講呢？他會找到一個人，像比較理想的爸爸，然後再找到比較理想的媽媽。有些情況比較複雜，還找到理想當中的哥哥、姊姊、弟弟、妹妹，甚至祖父母都有可能找到。

儘管他找的這些依附的對象很有可能相互不認識，但是在他的心裡，這些人把他內心當中一個可靠的家庭給重新組合了起來。我把這稱為在原生家庭之外，重建修復式家庭結構的努力。可能這個人完全不知道自己在進行這樣的努力，也並非有意識地策劃了它。

那麼，是什麼樣的一種內在力量，使得這些努力以系統式的方式進行呢？我覺得這其實還是一種人願意回家的願望。我相信在這一點上並沒有東西方的巨大差別。

對於很多人而言，家是一個塑造了我們生命之初整個世界的地方。你能夠看到有些人，他哪怕並沒有成家，但是他似乎也在過著一種家庭中的生活。有些人在他心裡被視為父親，有些人在他心裡被視為母親。有一種看起來比較系統化的流水線式的做法，那就是他可能會在一種比較長時間的心理諮詢關係當中，把諮詢師當作他重要的親人。

有時候他會不斷地測試這個諮詢師。這個測試其實也不是有意策劃的，而是自然而然發展出來的。他可能會反覆有一種努力，想把諮詢師變成他不可靠的家庭成員。比方說可能是冷漠的母親，可能是侵入的母親，也可能是疏離的父親，或者是暴虐的父親，這些都是比較常見的情形。這樣的測試可能會發生很多次。

如果諮詢師做得不錯的話，來訪者慢慢就會知道：他人並不像自己在原生家庭當中所接觸的那樣，的確有很多其他的可能性，這個世界的確有值得信賴的他人。這樣一來，其實他就像是生活在一個修復式的家庭結構裡。

這樣的一個家庭結構，跟他自己原本的家庭結構的確是非常不一樣的。其實一開始原本的家庭，幾乎就是世界的全部。所以從這個角度來說，如果這個依附能夠被很好地重建，其實人內在的家庭結構就會發生變化，與他人互動的模式也會發生變化。這樣一來，這個人其實很自然地就會變得更加自在。

為什麼呢？原本他深深地相信，這個世界就像他曾經熟悉的家庭一樣，不可能有尊重他、對他慈悲的場所。這個時候他如果能形成一種內心比較飽滿、比較安全的依附，他會更加信任自己，因為他覺得他是被一個足夠好的家庭所撫養大的。

當內在有關家庭的印象被改變之後，其實我們可以說這個人的記憶也發生了變化，因為我們對外在世界的感知，都是以我們的記憶作為參考經驗的。你可能完全沒有留意這個過程，你對當下的感知都參考了你既往的經驗，儘管看起來這是一個過去的經驗，但它其實是發生在當下的。它甚至可以被視為是當下在你的大腦中所進行的電生理活動。如果這樣的活動被不斷修正的話，我們可以說這個人的記憶其實已經發生改變了。如果這個人的記憶發生改變，我們甚至可以大膽地說，這個人的過去其實也被改變了。

我在這裡其實也就是從理論上論證一下，這種修復式的家庭結構是可以建設的。在一個修復式的家庭當中，的確能夠獲得一種新型的依附。在這種情況下，如果重新回望以前的生活，往往也會有很不一樣的視角。

我們在日常生活當中要盡量避免把別人視為我們的父母，因為這樣會給我們帶來很多麻煩。但是在不斷與人深入互動的過程當中，其實我們的確能夠從他人那裡得到一些東西。如果你比較幸運的話，會得到自己原來沒有或者不夠的慈悲，以及原來可能沒有的尊重，還會從與他人的關係裡逐漸獲得原來的家庭當中沒有的節制、紀律、約束。

一個正常的家庭，其實不光有慈悲、尊重、關愛，往往也有紀律、約束、節制。所以如果我們能夠對這個世界存有一些信任，就能夠從中不斷去搜集材料，不斷去尋找他人，然後在這樣的關係裡不斷豐富自己。說到底，我們自己的父母，也是從生活中走過的人，只不過他們走過的時間比較早，所以對後來的人產生了影響。

如果我們接納這些可以形成病理的心理結構，解決之道其實仍然在他人那裡。在別人那裡我們可以獲得源源不斷的解藥，因為說到底，**我們的人格，其實就是與他人互動經驗的沉澱物**。

我在這裡鼓勵大家，要勇敢地與他人互動，要相信這個世界的人非常不一樣，生活在非常不一樣的傳統裡。有些人可能在靜靜地等待我們，等待我們在這種關係裡圓滿自己。其實往往這樣的關係也能成就對方。諮詢關係，其實就是這一類關係當中比較特殊的一種，所以我們有很多機會看到這個過程。現在我想把這樣的信心傳遞給各位。

02 領悟、修通原生家庭中的情結

#1 所有觀察的行為本身就攜帶了觀察者自身的立場。

#2 小孩子追求愛恨分明，因為很難理解好人也壞，壞人也好。我們的心靈比較脆弱，所以它容納不了很多衝突。

#3 精神分析學派認為，除了愛恨，孩子其實對父母也有情欲或者性方面的幻想，因此可能會有亂倫焦慮。

#4 有時候我們其實很難與受限於家庭情結當中的自己告別，因為會覺得是那麼委屈，還沒有報復、報仇。這其實是一種對自己的拯救情結。

這一節談一談從家庭情結中的領悟。

我們以前做青少年諮詢的時候會發現，青少年口中的父母可能宛如惡魔一般，讓人聽後非常動容，非常動情，感覺到深深的憐憫。但是當你有機會看到青少年的父母，你會發現哪怕沒有那麼深入的接觸，也會有一個非常不一樣的印象。當然，也有一些你看了之後，印象比孩子口中說的還糟糕，這樣的情況的確是存在的。當這樣的事情見得多的時候，我們不由得思考一個問題——真相究竟是什麼？

我後來逐漸開始做更多大人的治療的時候，也會做一些家庭整體的諮詢，慢慢就能夠獲得更多的視角。你會知道如果A和B在一段關係裡，那麼至少有三個真相，是至少。

第一個是A覺得的真相，第二個是B覺得的真相，第三個是旁觀者所看到的真相。其實所有觀察的行為本身就攜帶了理論以及觀察者自身的立場。所以旁觀者也未必能夠保證自己看到的一定是真實。除了某些具體的物理性的事件，在真實的立場上其實是很多元的，的確可以透過多方證據來匯總。

很多時候我們對於家庭的感受，並不像單眼相機照相一樣清晰。即使單眼相機照相很清晰，選擇什麼樣的角度，怎麼構圖，攝影者仍然是有自己的一個預設的。

我們的內心有一些我們沒有那麼清楚的力量，這些力量可以分為兩類：第一類是情緒，第二類是欲望。這些在後面的章節中會提到。現在要提一下的是，情緒和欲望就像是可以把我們用攝影機攝進來的影像進行加工的某些顏料一樣。用一句話來說，**我們對於家庭或者對於父母的印象固然是真的，但是它其實已經被我們內在的驅力和愛恨加工過了**。

大家有沒有見過這樣的例子？一個小孩，他認為爸爸是全好的，媽媽是全壞的。當然反過來的情形也很多，媽媽全好，爸爸全壞。出於一般的常識，我們應該會接受：一個人既不可能全好，像神一樣，也不可能全壞，一無是處。否則父母怎麼會走到一起呢？這是很奇怪的事情。

那麼為什麼這個孩子會形成一方全好，一方全壞的印象呢？這其實就是用自己的一種愛恨二分法處理了父母在內心的影像。父母給自己的印象可能都是有好有壞的。這樣一來，對於這個孩子而言，他就面臨著雙份的衝突。當恨母親的時候，他是衝突的；當恨父親的時候，也是衝突的。

我們已經提到過我們不喜歡衝突這件事情，所以這個孩子會有一個內在的加工歷程。他把父親和母親好的部分算到其中一個人身上，可能是父親或母親，然後把他們壞的部分算到另外一個人身上。這樣一來，孩子就可以愛那個好的，恨這個壞的。於是，他就沒有那麼多衝突了。

小孩子看電視總是要追求愛恨分明。因為他很難理解好人內在也壞，壞人內在也好，這樣的話他就感覺到衝突和困惑。那麼當他看家裡的戲的時候，也有可能用同樣一個分裂的機制處理對父母的印象。

當然了，當處理之後，在他內心的層面上，這是真的。只不過他不知道這樣一個真的印象，其實是有它的緣起的，它並不是一個實體狀態的真，而是一個緣起狀態的真。這個緣起就是由於我們的心靈比較脆弱，所以它容納不了很多衝突。

通常而言，我們長大之後會慢慢變得辯證一些，這主要是針對家庭之外的其他人。但是對於原生家庭的印象，可能仍然籠罩在分裂的機制下。

除了愛恨，孩子對父母也有情欲或者性方面的幻想。很早的時候，精神分析學派就發現了這個祕密。儘管對精神分析學派而言，這幾乎是常識，但是在社會層面上不大容易被人接受，尤其是在中國這樣的一個儒家家庭文化主導的地方。

你有時會看到，一個女孩對父親非常憎恨。如果你做足夠深入的分析，會發現這可能是由於她愛慕自己的父親，她希望跟自己的父親很親密，甚至是情侶關係。當這樣的一種感覺哪怕被當事人意識到一丁點，都會引起很強的亂倫焦慮。

如何應對這樣的亂倫焦慮呢?可以反其道而行之。父親是一個十足的壞人，所以我可以恨他，可以與他保持距離。這樣的話，一種純粹的恨可以透過遠離、保持距離的方式來成功地化解。對父親的愛慕和因為愛慕而生的焦慮就會消失不見了。

我舉兩個例子，其實就是告訴大家，我們對於原生家庭以及原生家庭裡的成員的感知，可能是被非常精緻地加工過、轉化過的。當轉化之後的家庭的一個圖景被體驗的時候，其實它是真的。

我們在臨床當中當然會把它當成真的。但是從緣起的角度而言，這個「真」，可能有很多我們心靈參與的成分。當心智逐漸地成熟，我們可能就會逐漸從這種家庭情結當中走出來。

我們的家庭是我們情結的很重要的來源，除了有對於父母的一種依附的情結，也有試圖介入他們競爭的一種三角關係的情結。種種的情結，再被我們自己的愛和恨所加工。真正的多年之前的家庭互動究竟為何，其實就隱藏在一團迷霧當中了。

通常而言，來訪者在進行比較充分的個人分析之後，就會對自己的原生家庭乃至家族進行分析。有時候他會自發去調查當年的實際情況，因為肯定有人見證過這個家庭究竟是怎樣互動的。往往他會發現自己對家庭的印象不是唯一的版本。這個時候他可能就逐漸地把自己也從家庭情結當中解放出來了：「我不僅是一個被父母遺棄的孩子，我不僅是一個沒有家的人，我不僅是一個被他們兩個殘忍剝削和利用的人，我可以有很多的可能性。」這樣一來，我們對家庭的印象、理解有很多的可能性，於是，我們對自己的這種講述也就存在著修正的可能性。這其實就是逐漸地走向自在。

如果沒有很好地領悟修通這個家庭情結，可能就會始終認同自己是內心的「家」裡的人。這樣的話，世界很多的可能性沒被看到。而且再次組建的家庭也可能由於自己深陷原生家庭的情結，借助同類相吸引而發生重複。這樣一來這種悲劇就此恨綿綿無絕期了。

大家不妨在心裡做一番省察。我可能會怎麼加工我對父母乃至家庭的印象？這中間有多大的比例是依據事實？其餘的部分，有多少位見證者是自己可以詢問到的？

我們甚至可以在合適的時機去問一問，有時候甚至可以問一問自己的父母。即使父母可能離得非常遠，但是不代表與父母相關的東西你搜索不到，你不妨以這些東西為線索，追溯一下與這些東西相關的實際互動，試著站在這個家庭之外，或者在這個家庭的邊上看一看，原本的結構可能是什麼樣子。

有時候我們其實很難與受限於家庭情結當中的自己告別，因為我們覺得他是那麼委屈，他還沒有報復，甚至沒有報仇。我們要把他拋棄的話，好像整個世界都會拋棄他。這其實是一種對自己的拯救情結。

這個情結連同其他情結一樣，其實都應該得到足夠的領悟修通。當我們內心的情結越來越少的時候，內在空間會變得越來越大，這時候就會有光照進來，有風吹進來。這可以說也是人生當中值得品嘗的「一味」吧。

9內心的「家」：此處指內化了的家庭，而不是指外界的真實家庭。

03

繼承祖先的能量，孝不一定要順

#1「孝」和「順」聯繫在一起的時間並不長。「孝」最早的對象是祖先，並不是父母。
#2孩子早熟，有可能是因為繼承了祖先的「精神遺產」。
#3雖然孩子基本是隨父親姓，但觀察到的是女性到女性的代際傳遞往往更為深刻。
#4對家庭、家族忠誠，並不一定需要透過「順」來表達。我們可以有自己傳遞祖先能量的方式。

這一節的話題是「認祖歸宗」。我在認祖歸宗上是打了引號的。我其實並非宣導原教旨主義的儒家——要把祖宗當神看待，不管他們做過什麼。我在此前其實談到過，在跨代傳遞當中，這個家族可能會有正能量傳遞下來。這些正能量可能是看不到的，它們來自哪裡？

其實它們也是從我們的家族系統往上，一直追溯到祖先那裡傳遞下來的。通常而言，我們比較熟悉自己的父母，或者是再長一輩的祖父母的一些「詛咒性」的話語，但是對更久遠的祖先的「祝福」不見得體會得到，有時候還會有很深的誤解。

在這裡，我要首先談一談「孝」這個字。這個字引起了很多的誤解和爭議，我倒並不是為孝文化開脫，只是想揭示一點，我們所知道的未必全部是事實。

在漢朝以前，有「孝享」一說。「享」其實就是對祖先的祭祀。所以「孝」並不是針對父母的。儘管父母是祖先在人間的代理，但此時「孝」的對象仍然是祖先。大概在唐代，「孝」開始與「敬」連用，有「孝敬」之說。但「敬」其實也並非一種非常刻板的、單向的敬畏，從某種程度上來說還是相互性的。

「孝」和「順」連用其實是從清朝才開始有的事情。儘管現在我們一提「孝」，馬上就聯想起了「順」，好像「孝」、「順」連用是天經地義的事情，甚至以順為孝，以順代孝。

這其實帶來很多的麻煩。有時候我們在做青少年的個別諮詢時，你會聽到他的腦袋瓜裡裝著一盤很大的棋，是令人意想不到的。他以症狀的方式吸引父母的注意，然後把整個家庭「動員」起來。他內心有一個計畫，他覺得自己的父母輩實在是太糟、太弱、太不堪，會覺得他們對不起自己的祖先，甚至自己要補償他們那一部分。

如果你只在一個青少年這裡聽到這樣的說法，你會覺得要麼是個例，要麼是異想天開。但是如果你見了很多的時候，你會發現，難道它是一種普遍的動力？也就是下一代試圖以連結到祖先的方式來糾正父母的過失？這樣一來，就像是某種正能量迂回地跨過了父母這一環，然後作用在孩子身上。而孩子接收到之後，又反向傳遞到父母那裡去，一種垂直的、自下而上的傳遞。

當這樣的事情見得多的時候，我不禁在想：是不是在我們整個家族系統當中，祖先其實有一些看不到的積極力量，它其實是以加密的形式在這個家族當中傳遞的呢？

也就是說這其實是一筆遺產，但是，可能父母輩沒有留意，或者是沒有掌握打開的方式，或者說錯誤地使用了它。直到孩子這一輩才發現祕密，所以他會接收到這樣的力量，但意識上不見得知道自己在做什麼。這只不過是在觀察到很多案例之後，諮詢師嘗試向這一家人傳遞的一個假設，這個假設往往會使所有人都感覺到震驚。

我曾經見過這樣一個家庭，父母把所有的壞都放在了孩子身上。他們形容孩子的語言，我在這裡沒有辦法分享，因為的確非常不堪。就像我們上一節所談到過的這樣，孩子可以用愛恨加工父母的影像，父母也可以用這種愛恨的二分法加工孩子。

比方說這一對父母，他們其實就把好留給自己，全壞的部分留給了孩子。所以孩子會經常吸收一種壞的傳遞。當孩子到來之前，父母開始說的時候，你似乎要被父母打動了，覺得他們的孩子有多壞。當孩子到來之後，出乎意料的是，其實他成熟又平靜。

我開始思考為什麼父親會變得這麼憤怒，執意要給孩子抹黑。可能正是由於孩子偏早熟，使父親感覺到羞恥。在一個隱形的祖先面前，父親感覺到自己其實是不配的。對於中國人而言，一個父親不配做父親其實是很大的一種恥辱。

當然他並沒有意識到這一點，因為在他意識到這一點之前，已經採取了下黑手的舉動了。他把所有的墨汁，所有的髒、惡、壞潑向孩子，才能夠獲得自己的平衡。但是，其實孩子對於自己家族的敘事，瞭解得比父親還要多。

大家可以猜想，這個父親跟其父親關係並不好，而孩子連結到祖輩的強度和品質是好的。所以他知道父親為什麼是這樣子。雖然爺爺已經不在了，但是似乎他在幫助這個已經不在的爺爺來努力地挽救他的父親。這個父親又酗酒又憂鬱，其實狀況很不好。

看起來，以父親的立場來說，這個孩子是不孝不順的。但是從家族的角度而言，這個孩子對祖先其實懷有很深的敬意。這樣一種情形不是個例，而且也並不只發生在父系傳遞中。

我們不要假設所有的孩子都隨父姓，這種能量的傳遞也主要是來自父親的家族。其實不是。在所有的傳遞方式當中，我所觀察到的，是女性到女性的傳遞往往更為深刻，而且量也非常大。

有很多東西可以從外婆傳遞到母親，再傳遞到外孫女。有時候一個外孫女身上的種種表現，是從她母系家族當中所繼承的一種正性的能量。比方說，一個女孩子，她會因為整潔的要求而感到有些衝突。這種整潔，其實是被自己的母親所塑造的，母親又是被她的母親所塑造的。為什麼要保持這樣一種整潔呢？

其實母系家族一開始的地位很高。即使家道中落，這個家族當中的女性祖先仍然更多的是以身教而非言傳的方式傳遞出：你需要整潔。整潔對於我們的認同很重要，並不僅是出於實際的利益，而是要讓你記住，你有這樣的一個過去，你不要使自己沉淪於一般人當中。

這其實是一種「指望」，但是以「指責」的方式來表現，我們經常會濫用。出發點是好的，但是手段是錯的。我們往往會比較情緒化地認為：「一切都是錯的！出發點也是錯的！他們就是要詛咒。」但其實這樣的家族系統、這樣的能量傳遞方式越多，我們越會發現有時可能的確是那樣。

我有很多來訪者，他們做完足夠多的分析之後，自發地選擇了認祖歸宗的形式。有很多很多種表現形式。來訪者把孩子帶到他的祖父母的墳前，當孩子向祖父母傳遞他生活當中發生的變化，以及他對祖輩的一種想念的時候，有時候很奇怪，這個孩子好像就接收到了某種能量一樣。他可能的問題真的就變輕了。

我們當然可以從心理學上來還原這裡頭的機轉，比方說基於某種積極的暗示、某種對故事的重新書寫，或是經由一種未完成事件的完成。但其實我們沒有辦法忽視，在這樣的情況當中，至少在能量層面，的確發生了認祖歸宗的行為。

有些人看起來飄蕩在家族系統之外，你完全看不出他對這個家族有任何「順」的意味，可能都是「逆」的。但是如果對他的生命體驗、生活軌跡做一番深入的考察，你會發現他的忠誠程度有可能高於留在系統當中的兄弟姊妹。

我是在深圳執業的，深圳其實就是由移民組成的城市。在這裡你能夠看到很多上述的情況。他們正是為了使家族綿延，把自己這一支帶到了一個相對安全的區域，以這樣的方式來延續祖先的能量。

這樣的例子比比皆是，所以我把這放在與家庭和解裡的重要環節。它不是一種強迫，但是它是一種可能性，而這種可能性也是過來人告訴我的。

04

創建一個療癒性的新型家庭

#1 我們在重建依戀關係、領悟修通自己對原生家庭的加工後，可以嘗試建立一種修復性的家庭關係。

#2 與自己的伴侶，營造一種修復性的家庭關係會比較容易，因為負擔相對較小。

#3 我們可以不再用自己父母的形象去看待對方、要求對方，而是建立一種相互成就的新型關係。

#4 夫妻雙方建立的新型家庭關係能讓孩子受益，看見孩子受益，也會有替代性修復的效果，有利於自己得到療癒。

#5 與原生家庭修復關係的要點是把自己的心軟下來，同時，我們也可以允許自己不跟原生家庭和解。但是，與原生家庭和解的確是可能做到的。

這一節討論關於新型家庭的問題。

大家會問，原生家庭可能再次變成新的嗎？其實可能性還是有的。很多人在接受了比較系統的心理諮詢與治療之後，其實跟原生家庭的關係是發生了變化的。請大家記得這些步驟：

一、我們已經重建了依附，在原生家庭之外重建了一個修復式的家庭結構，這部分主要是動用了原生家庭外的資源。

二、走出不成熟時期對父母及家庭形象的加工，然後我們對此有了領悟和修通。這個時候其實我們內心已經明白和放下很多東西：由於小時候心智沒那麼成熟，我們會用自己的一些願望和情感加工父母的形象。當然我在這裡並不是說父母的形象或者父母當時的教養方式一定是好的，而是說，我們的確有可能再次加工了它。在這種情況下，我們就會有一個哀悼的過程。哀悼的過程就是我們認識到自己其實也不是那麼特殊的一個孩子，我們的父母其實也是有局限的。我們認識到父母的局限性，繼而就認識到了自己的局限性，所以一個完美的父母的形象可能就被放下了。正是由於放下了完美的父母的形象，可能對自己的要求也就沒有那麼高了。

接下來是第三步——象徵式的認祖歸宗。如果進行得還比較好的話，我們會認為自己是家族當中的一員。這並不意味著我們需要在物理距離上跟這個家族非常近。這只不過是一種心的轉向。當心轉向之後，我們就可以發現、利用這個家族當中隱藏的正能量了。

如果足夠幸運，這三個步驟都能做下來，接下來這個新型家庭的步驟就不難了。因為這是在前三步的基礎上，與原生家庭裡的人建立起修復性的關係，或者與你當下的家庭裡的人建立起修復性的關係。通常而言後者比較容易一點。因為你的伴侶一般情況下是在你成年之後才遇到的，他即使啟動你內在有關父母的一些負面的影像，但是這個啟動程度怎麼可能比你父母本人來得高呢？

其實我們放在伴侶或者配偶身上的這一層紗，是比較容易揭下去的。當我們都不再以自己父母的形象去看待對方、要求對方，兩個人的關係就會輕鬆很多。彼此間不是一種相互負債的老關係，而是相互成就的新型關係。其實，這一點也不是那麼容易做到的。因為在新的家庭裡，伴隨著孩子的出生、成長，每一個階段都有可能帶來一些危機和壓力性的因素。

當家庭有危機的時候，我們可能一不小心，又會把對父母的某些要求或者情緒放到對方身上了。所以這個「新」不是說整個改頭換面，而是一種歷程。這個歷程有時候甚至還是可逆的。有些情況下可能感覺還是像以前一樣糟。但是如果能夠克服把對方視為父母，把相互之間的情緒逐漸理清，兩個人在一起就沒那麼有負擔。

接下來要說的是與原生家庭的一種修復性的關係，或者說是與原生家庭達成一種和解。其實當我講到這裡的時候，我自己的心情是比較沉重的。因為與原生家庭和解的確是一個很難的課題。有時候，來訪者來諮詢時，他們的父母可能已經不在人世了。這種情況下，與原生家庭的和解，其實只能夠在心裡完成。

我在這裡想傳遞一種可能性，而非強制性。因為這涉及的因素實在是太多了。我們的父母那一輩，可能受某種經驗經年累月的塑造，不見得想與你和解，不見得想與你有一種修復性的新型關係。和解取決於你，也取決於對方，有時候還取決於很多你們之外的其他因素。

比方說當你也當了父母，這個時候，你到了父母的位置上之後，那種反思可能會比以前更容易一點。這樣的一個契機或許會使得你對父母的認同增加。父母如果感受到這方面的一些變化之後，態度也會有所變化。

所以這種可能性的確是存在的，而且在每一個階段都可能會有這樣的機會。但這並不是一蹴而就的，也不是一廂情願的。之所以不能一蹴而就，是因為在父母與孩子之間，最容易啟動一些很原始的東西。這樣一些原始的東西一旦冒上來，雙方或者三方就不在當下，而是回到很久遠的衝突的過去了。通常而言，跟外人還不大容易這樣，而且跟外人的時候很容易反省過來。所以這個過程勢必會有很多的反覆、很多的困難。

不是一廂情願，其實已經很明白了。有時候不光你在想：「我為什麼要放下？」其實，父母那邊也在想：「我為什麼要放下？」有時單方面改變了心意，對方不見得能有正確的理解和體會。如果誤解的話，可能會啟動這一方更強烈的、更固執的防禦：「你是這樣，你果然還是這樣！我為什麼要改?我不負這個責任！」如果能夠出現兩相情願這樣的情形，實在是很幸運的。

不過據我們臨床之所見，這些過程儘管是可能完成的，但是的確非常艱辛。有些人最終成功地度過了這個階段，這時候他不光是跟自己現在家庭當中的配偶有了一種新型的關係，他還真的可以做到與父母有一種新型的關係。

有時候，當心柔軟起來之後，它會變得不可思議。儘管可能沒有那麼習慣，沒有那麼適應，但是心一旦軟下來，不再表現出一種很僵硬的防禦姿態的時候，它可能對於家族當中隱藏的正能量的吸收也是不可思議的。

我們的確見過這樣的例子，這樣的例子使得諮詢師感覺到很放鬆，也很欣慰。我在這裡其實想傳遞一種可能性。如果你完全不期待這樣的可能性或者在內心深深地厭惡這樣的可能性，也沒有關係。請記住我們的人生其實有很多種遺憾，有很多種自己說了不算的事情。自己說了不算也沒有關係，因為，我們可以在遺憾當中繼續保持相對的自在，繼續前行。

可能九十九種都是遺憾，只有一種比較圓滿。我在這裡之所以仍然要分享這樣的可能性，是因為如果真的能夠實現這一點，那麼對於當事人而言，其實是很受益的。他會深深地感覺到，自己的確是在一個家庭當中的人，或者是在兩個跟以前的感覺都不一樣的家庭當中的人。

一個人在家中的體驗會使得他有一種很強的連結感。這種連結感其實很難得。我的一個來訪者曾經獲得過一點這樣的連結感，她會說這個東西不知要多少錢一克拉，實在太珍貴了。

當然，如果你已經決定我不想與原來家庭的人建立任何修復性的關係，那也沒關係，你可以修復你現在的家庭，因為你現在這個家庭，沒有太沉重的負擔。這個家庭不是一開始就有的，它是在你心智相對成熟的時候才有的，所以修復它的難度相對而言就比較小一點，而且它的價值會更大一點。如果你們決定要有下一代，那麼下一代將會有一個跟你或者你的伴侶都很不一樣的成長環境。

有時他們就像是我們自己身分的一種延伸，當你看到自己的下一代，在一個很不一樣的環境下，擁有很不一樣的起點，接下來有很不一樣的人生時，其實對自己而言，有一種替代性修復的效果。這倒不是說我們自己不負責任，把任務留給了下一代，而是因為到時候這就是順理成章的事情。

當然有些情況下，父母可能其中一方已經不在了。對於七〇後的人而言，已經開始遭遇這種情形了。這樣一來，與還在世父母的連結工作就變得比較緊迫。因為如果父母都不在的話，當某一天你想去修復的時候，也只能夠在心裡進行了。當然，在心裡進行，也不是件壞事或沒有價值的事。很多人其實都是在心裡完成了這件事。收穫利益的人就是在世的人，當然自己是最大的受益者。

如果自己有伴侶，有孩子，都可能會因為這樣一種新型的家庭氣氛、家庭結構而受益。我把這樣的可能性分享到這裡，倒不是說各位聽了之後就要強制性地走到這一步。

05 啟動內在能量，讓自己生活在「完滿家庭」中

#1 人的內心有一個神聖家庭的原型，如果在自己原生家庭中建立了安全依戀，得到比較多的正向情感，內在的完美家庭被啟動的程度就比較高。這有利於我們人格的發展。

#2 有人能在內心發展出一個「完滿家庭」。這種發展是跟妄想有區別的。

#3 妄想自己並非父母的親生孩子，很可能是因為家庭裡創傷性太強，需要一種心理緩衝來平衡，於是產生妄想。

#4 我們可以透過學習、與他人互動、建立良好關係，慢慢啟動內在的「完滿家庭」原型，真正獲得能夠以四海為家的堅定信心。

這一節要分享的是「神聖家族」的這個理念。

我們有關家庭的種種認識，其實都是外在家庭的一種內在反映。不過，我們在有些情況下能夠看到，一個人的內心的「家」看起來受到外在家庭的影響是比較少的。這可以說是一種超正常的發展軌跡。

你們會看到有些人的家庭非常糟糕，如果換另外一個人進去，可以說是非瘋即死的結局。但是，當然也存在我們俗話所說的「歹竹出好筍」這種特殊例子。

有些人似乎不是靠著外在家庭活下來並成長的，他內在似乎有一個非常完好無缺的家族。我們的確不知道這種現象在科學方面的依據。還有另外一種情形，是一種具有病理性的情形。有一種精神病的症狀叫「非血統妄想」。這是怎麼一回事？就是他堅信自己的父母不是自己的親生父母，自己的父母另有其人。

通常這另有的人肯定是不同尋常的。比方說有人會堅信自己是高麗貴族的後代，有人會堅信自己的父母可能是非常有名的人。這些作為精神科症狀是被算在妄想裡頭的。

但是妄想為什麼會有這麼多種分類？為什麼有些人執著相信這一個，而不是另外一個？這些疑問讓我開始思考一種神聖家族的理念，或者說是假說。它很大程度上來自榮格的原型理論。這個原型，其實是在我們所有人所共用的集體無意識當中的。它在我們的個人經驗開始之前，也就是我們出生之前、有記憶之前，就已經在我們這個主體裡面了。

後來的我們和外界的，尤其是與外界家庭的互動，能夠刺激這一部分原型活過來，在這個基礎上才形成了家庭的情結。也就是說神聖家族的理念有可能是天生的。我們會設想自己是一個神聖家族的後裔，而非一個邪惡家族的後裔。如果大家都這樣想，說不定在原型層面上是有一定道理的。

在原型的層面上，我們的確可能有不同尋常的父母和兄弟姊妹。在這個層面上可以說是「本自具足」——它本身就是完滿的。後天的經驗只是來啟動這樣一個有關家庭的完滿的原型組合。

如果這個人比較幸運，在家庭裡能夠得到比較多的依附和正向的情感，那麼他內在的完美家庭或者神聖家族被啟動的程度就比較高。這樣一來，這個人就更像一個比較完滿的人。有些情況下，出於某種原因，可能一個人後天得到的刺激都是負面的，或者說是嚴重不足的。這樣一來，他內心的完滿家庭或者神聖家族就沒有被啟動。他可能就會感覺自己是一個沒有家的人。

很多人其實內在都有一種感覺：我是一個沒有家的人，或者說我是一個孤兒，或者說我是一個被丟棄的人。他們的確會在家庭之外去尋找各種各樣的修復式的家庭結構。大家想一想，為什麼有些人會出於本能地去尋找修復式的家庭結構呢？就好像對他而言有一個曾經存在的、比較好的、比較完整乃至完滿的家族，但是他後來走失了。所以他相信這個世界上仍然有比較好的家人，他才會去尋找，對不對？如果他內在沒有這樣的相信，那他就不會去尋找了。

當然了，我們在這裡是假定。這是一個非常積極的、樂觀的假定——我們每個人都曾經是一個神聖家族的後代。請大家不要從神話的角度去思考。這裡是一個心理學的比喻。

當他逐漸地在生活當中去尋找一些看起來像是好的父親的人、看起來像是好的母親的人、看起來像是好的兄弟姊妹的人時，其實就是不斷地從外界輸入正能量來啟動內在這個可能本來就有的家庭結構，這個原型，直到某一天內心飽和。

其實不管這樣的訊息是來自原生家庭，還是來自家庭之外的他人，比方說老師、一些社會上有影響的偶像型的人，只要這些外人最後使神聖家族的原型被較好地啟動了，其實作用是一樣的。最終，這個人都會獲得一種完滿感。

我們有一些諮詢師，其實自己的原生家庭並不那麼好。但是他們在長期的自我治療的過程中，陸續遇到了很多對他們而言具有正性的他人，比方說老師、分析師、治療師、諮詢師、督導師，這些可能都使得內在比較乾癟的組織慢慢充盈起來。

所以，從這個層面來說，我們每個人的內在層面都是生活於比較完好的家庭的。我們應該對這個世界有信心，也對這個世界裡其他的人有信心。就像我在前文所講述的，如果一個人不能與他原生家庭裡的人建立起修復關係，也並不意味著我們內在的家庭原型就完全沒有希望。

我們仍然可以借助與他人的不斷互動，把這個原型從弱到強地啟動開來。有時候，一個人哪怕看起來很孤獨，但是他內心會深深地感覺到，他被很多像家庭一樣的情感所包圍著。他可能不是具體屬於某一個家庭的，而是在很多場合下，他都感覺到自己有一種有家的感覺。

這倒不是說他投射出某種不完美的父母，並且希望乃至強迫別人去履行這一點。他是真的可以四海為家。為什麼他可以四海為家呢？因為他已經在內心的層面上非常確定自己是一個有家的人。當這一點確定的時候，無論走到哪裡，他都會把這個地方視為一個既提供安全又提供溫暖的家庭。

這樣的人儘管少，但是如果有幸的話，你會看到。通常而言這樣的人和自己原生家庭的關係也是不錯的。我們不管這樣的「不錯」，是本來就不錯，還是後來經過修復的不錯。因為如果他的內在結構已經修復完整，那麼他對原生家庭的成員就不會再有一種很渴求的、或者帶著怨恨的要求了。這樣一來，與原生家庭中的親人互動起來也不會很麻煩。一旦到了這個程度，我們可以說他是一個沒有被局限在原生家庭結構裡的人。

當然你可以想像前文所講過的步驟，他已經都走過了：他有很好的依附關係，不管是家庭內還是家庭外的；他在很大程度上修通了對家庭的情結，他已經對家庭沒有很多的投射，所以他能夠享受了；他可能已經完成了一種認祖歸宗的過程，他的能量系統已經像充電線一樣，插到了來自家族的充電器上，所以這個家族的祝福他是可以接收到的；他感覺自己的背後是有支持的，而且他也與原生家庭裡的人已經有比較好的關係。在這個時候，他內在神聖家族的原型就被很好地啟動了。

我們如果看到一種病理性的啟動，這應該是在非血統妄想當中。可能由於一個人的原生家庭實在太糟、創傷性太強，所以需要一種緩衝，於是他發展出了一種堅信不疑的妄想，這樣的話才能夠平衡。如果他不再需要這樣的平衡，我們就可以說這個人內在的結構已經是平衡的了。所以，他不再需要時時處處把他人視為應該像父母一樣對他的人。與他交往起來，對方也會有一種輕鬆的感受。這樣一來，他就變成了一個自由的人。

為什麼呢？理論上來說，家庭其實是我們安全感的總來源。當我們有一種安全感之後，這個世界對於我們而言就不是一個家之外的、某種危險的、陌生的存在。可能我們會覺得自己生於天地間，其實也就像在家裡一樣。

這樣的人倒不一定說經常旅遊、隨處流浪，他可能只是在看起來比較平凡、普通的生活裡。當然了，他也有可能去很多地方，然後接受很多不一樣的刺激，遇到不一樣的人。這些只是外相上的區別，在內心他有一種在家的感覺。其實擁有這樣的感覺是很難得的，可以說是福報了。

我看到有些人究其一生，哪怕多次組建家庭，內心對於家庭的感受仍然是負面的。這麼多的人際接觸都沒有使內在原型被充分地啟動，沒有使當事人感受到自己是有家的人，這可真是一個遺憾。當然了，如果當事人自己接受這樣的遺憾，那也算是過得去了。

06

從家庭情結中解脫，為了回家而「出家」

#1「出家」針對的是我們內在的家庭情結，是從中解脫的一個過程。
#2 當我們把自己的家庭情結看得越來越清楚，就能淡化跟原生家庭的種種糾纏。
#3 擁有一種更大、更廣闊的生命經驗，踏上自己的英雄之旅，是一種很深的孝道。
#4 父母的欲望會形成你的核心，而自在的狀態中，我們不再固著於某個中心，能做到隨遇而安，能把每個地方視為自己的家且感到安全。

這是有關家庭系列的最後一節了。

談到「出家」，聽起來是一個佛教的概念。沒錯。的確，在我的臨床諮詢當中有很多來訪者是佛教徒，這一部分的思考是與這個群體的來訪者互動之後得到的。

我們知道出家的確是佛教的一種修行形式，儘管不是所有的佛教徒都需要出家，但是出家在這裡是一個比較正向的、比較理想的方式。在家庭之外能夠有一個信仰系統，這一點其實鼓勵了很多人。因為這些人在自己的家裡實在是太苦了，所以這樣的一個信仰形式為他們提供了一種方式，看起來可以不用面對原生家庭乃至家族的很多負面的影響。其實「出家」可以說是一種原型式的存在。

諸位讀者，你們小時候有沒有過離家出走的想法，甚至是離家出走的行為呢?其實，離家出走的想法和行為非常普遍，幾乎每一種文化裡的每一個人都有。好像這就是一個儀式，人們第一次意識到：這個家是可以離開的。

先不管是什麼原因，當然通常而言是由於負面的原因，比如，作業沒做完要挨打、偷偷花了零用錢湊不上數，或者被爸媽批評乃至威脅。有時候也有正向的，比方說知道某個公園很好玩，或者要去見自己的偶像。這些「出家」的想像乃至經歷，我們很多人都有。長大以後，其實我們已經自然地離家了，但是這樣一個「出家」的想像其實並沒有消失。

我們其實在某段時間內會有意隔斷，或者即使沒有到隔斷的程度，也要想方設法地減少與家庭連結。這樣的趨勢在青春期的時候就已經出現了。在青春期的時候，我們意識到自己並不僅僅是一個家裡的人，我們還是有派系、有身分、有圈子、有偶像的人。這些因素使我們覺得自己並不只是一個家庭當中的人，所以「出家」的想像在那個時候就已經開始了。

種種形式的心理諮詢與治療，尤其是精神分析，或者說精神動力學派，它提供了一種象徵式的「出家」。其實你就是與家庭之外的另外一個陌生人建立起一種親密關係，事實上並不會因這種關係而締結家庭，所以它跟戀愛成家是非常不一樣的。但正是由於諮詢一開始就不允許這樣做，有關家庭的一些負面的感受和想像才很容易呈現出來。

簡單來說，你花錢找一個陌生人，說你家裡人，尤其是你父母的壞話，說得越多，你可能內在的衝突就越少，反而有可能看父母會越順眼。也說不定是在哪個具體時間點，由於對父母的負面感受、怨恨很多，當這些情緒不再被強力壓抑的時候，可能會釋放前所未有的劇烈負面情緒。

其實，正是借助這樣的釋放力量，我們才能夠從家庭情結當中脫身。注意我剛剛所說的是家庭情結，而不是原生家庭。原生家庭跟我們的家庭情結其實是不一樣的。我們之前談到過，家庭情結其實被我們的願望和情緒系統地加工過。所以在這裡，我們針對的是內在的家庭。當內在的家庭被多次討論，我們就越來越能看到自己與家庭的距離，首先是從不斷外化的家庭情結開始的。

當我們看它看得越清楚，我們與它的距離就越來越遠。伴隨著家庭情結被逐漸地看清，其實我們和原生家庭的種種纏結也就隨之逐漸淡化。我們會感覺到自己可能也沒有那麼恨父母。因為這個「恨」其實是一種很強的情緒連結。

只要有恨這樣一條紐帶存在，其實你跟這個家的關係仍然是很緊密的，對不對？你越恨，這條紐帶就會把你跟原生家庭連結得更緊密，即使你把物理距離拉得很遠都沒有用。

我們的來訪者，有時候可以說是逃離到天涯海角。但是由於有這樣一種恨的強大力量，其實內心還是放不下的。所以其實並沒有完成「出家」，即從家庭情結當中解脫的過程。

我覺得「出家」是必要的，倒不是說一種外在形式上的、宗教性的「出家」。這個世界是非常豐富的，我們的家庭不管是怎樣的，哪怕它非常好，也只是世界的一部分。如果我們僅限於當家裡的人，對世界剩餘的部分就沒有興趣、沒有辦法去探索了。

有時候往往是來自父母的一種恐懼，他們非常需要你百分之百、甚至百分之兩百地是他們的孩子。他們在你的身心上打上了太多的烙印和符號，這就使得這個人的思想變得非常禁錮。

其實我們的祖先當然希望我們走得更遠，有更大更廣闊的生活，但是祖先的願望可能沒有被父母很好地貫徹或執行。所以這樣的一種出家，在我看來其實是一種很深的孝道。

在西方的各種神話當中，一個英雄總是有離開家的過程。其實在中國也是這樣的，只不過中國總是會包含後半段回家的歷程，西方也會有。所以一個人踏上英雄之旅，也就意味著他的確是要離開家遠行。

這樣的「出家」絕非一種逃離、背棄或者懲罰，而是在這個「出家」的歷程當中，這個人能夠找到真實自我的其他面向。注意我在此處的修辭，你在家裡形成的自我其實也是真實的，只是你的自我仍然有很多其他的面向，這些面向是要在家庭之外的其他人，乃至家庭之外的其他地域的作用下，才會逐漸地被啟動、覺醒過來。這個時候你就從自我當中走出來，進入自在了。

自我總是有一個中心點。比方說你父母要求你是一個怎樣的人，在你出生之前，他們兩口子就在計劃著把你打造成怎樣的人。你一生出來就掉進了他們的欲望，他們的欲望的核心就形成了你主體的核心。這樣一來，你就會形成一種很強的自我感。哪怕你以後激烈地反對這樣的自我感，可是你反對的是被這樣的家庭所塑造的自我感，也不是任意的或隨機的，所以你反對的前提仍是認同。我們可不可以說，哪怕你再反對，你仍然被父母的欲望所塑造著？他讓你往東，你一定要往西，但你很難想到往北，對不對？如果他讓你往西，你非要往東，其實你的自由度仍然是在一條直線上，這個世界還有很多的維度你是無法踏足的。自在其實就是一種沒有中心的狀態，可以讓人隨遇而安。在每一個地方都能夠視之為自己的家，都能感覺到安全，正像是我在上一節中所寫的。

這一節其實就是把上一節當中那些沒有充分寫出來的東西，寫得再徹底一點。在這種視角下，我們再來理解為了回家的「出家」。

回家，其實不僅是回到我們的原生家庭。當然原生家庭仍然是這個世界的一部分，沒有必要把它劃出來。這樣一種回家也就意味著你幾乎在任何地方、任何場合下都有一種家的感覺。想獲得這樣的感覺，其實一定要經歷一個精神上的「出家」過程。

你們是不是有這樣的打算：想離家遠一點？想一個人去旅行？不管你現在處於人生的哪個階段，我是建議大家這樣做一下的。不僅是為了完成一個儀式，而是在這個過程當中，**當你的身心離家裡越來越遠的時候，可以獲得很多視角去反思自己的家庭生活**。所以不要只是為拍照片、發朋友圈去旅行。你可以為自己設計一種精神上的「出家」之旅。

當然，比較好的形式的確是一種外在的遠行，有很多地方可以推薦，因為那裡在精神氣質上離你的家足夠遠。比方說高原上，或者在非常異域的文明當中，像以色列、希臘。這些與我們自己的傳統非常不一樣的地方，就是一個很好的遠觀點。

在這個過程當中，時刻保持覺知，我們也別說時刻了，盡量每天覺知一會兒，運用我們已經學過的四轉向心的理論，選擇在這樣的一個地方，重新看我們的過去。重新看我們自己的時候，會有怎樣的感覺呢？我想這個時候，人會很自然地生起好奇。

在這種好奇心的驅使下，會自然地思考緣起。可以為自己安排一個離家或者「出家」之旅。如果你從來都沒有慎重地思考過這一點，我建議你慎重思考一下。如果你已經考慮了很久，那麼接下來你可以思考一下，什麼樣的因素限制了你去把它變成行動呢？這一點其實是值得好奇的。

有時候，我們對自己的家庭實在是太忠誠了，在一個無意識的深層保持著極度的忠誠。所以我們有可能會避開任何使我們從家庭自我當中解放出來的機會。這一點請大家考慮一下。

專欄

日常訓練法④

1. 找家族中相關的人士，詢問你對家庭、父母的疑惑。

我對事件的認知和解讀	相關人士的述說和解讀

2. 去一個跟自己生活傳統不太一樣的地方旅行，感受當地的傳統和氣氛，好與壞你都可以去品味。

第五章

七情與自在

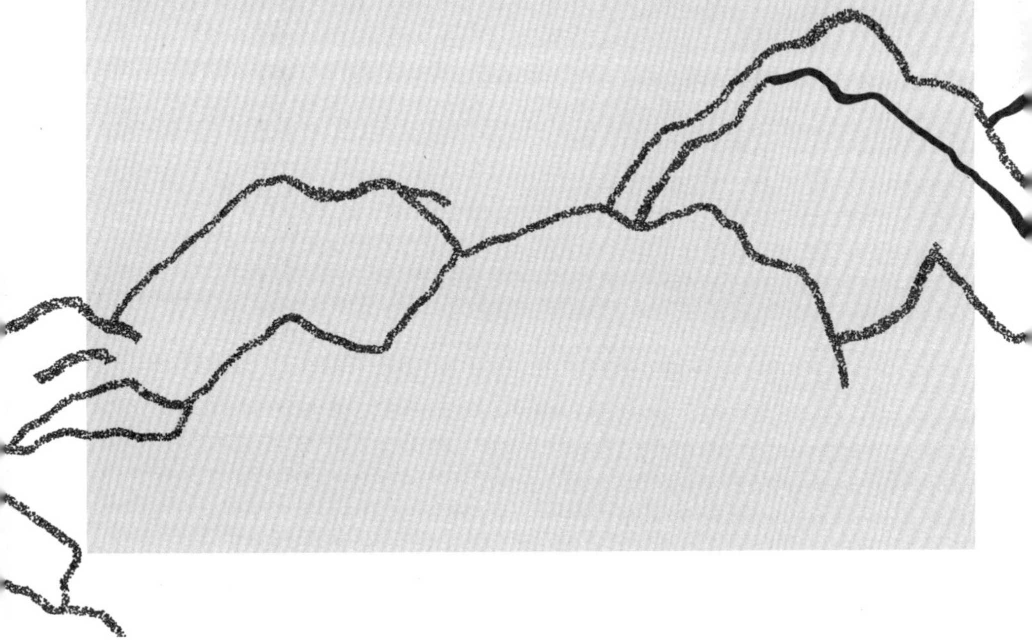

01

為什麼我們總是為「情」所困：如何調整自己的情緒

#1 情緒問題是心理諮詢中一個最常見的問題。

#2 我們要與自己的情緒有和諧的關係，貪戀所謂的「好」情緒，會讓我們難以面對所謂的「負面情緒」，甚至「沒有情緒」。

#3 實際上情緒都是我們的一種感受，不管是快樂的還是悲傷的，我們始終是自己。面對情緒，我們可以發展自己的心，以此培養承載情緒的能力。

#4 透過保護自己的心，不去特意尋求強烈的情緒刺激。瞭解自己的情緒安全區，我們可以培養真正的情商——能夠辨識自己和他人的情緒狀態，也能知道自己和他人的情緒狀態的規律。

#5 我們可以透過觀察雲朵來體會自在。

這一節是有關情緒這一部分的總論。其實，就是來看看我們如何在各種各樣的情緒當中盡量獲得自在。我記得有一首歌，歌名叫作〈為情所困〉。我對此印象很深刻，很多時候哪怕外界沒有任何困擾，但是我們仍然被自己的情緒所困。

在一些研究當中，把來訪者的訴求進行歸類，你會發現情緒障礙占的比例好大。其次就是人際關係問題，當然很多的人際關係問題你要往深處探究，還是情緒的問題。為什麼會跟某個人有這樣或者那樣的彆扭？其實就是跟這個人在一起的時候，自己產生了各種各樣的情緒。

為了讓自己盡量不被情緒所困擾，有些人會採用非常極端的方法。比方說冷酷無情。冷酷無情的人認為情緒是有毒的，是一種壞的東西，它不是我們的朋友，甚至是應該努力祛除的東西。

通常這些人在情緒上是受過傷害的，當他把這些所謂的負面情緒，比方說悲傷、憤怒、脆弱、絕望、羞恥、內疚等關在門外的時候，其實也就把自己關到門裡面了。於是，一些所謂的正面情緒，如欣喜、放鬆、期盼、快樂等，也都沒有了。這樣的一種保護方式，就好像把人變成了「活死人」。

我們經常會聽到「情商」這種說法。有關情商的書出了好多本，在我看來，這些書裡頭其實有誤導性的一面。這些書可能非常看重識別情緒的工具性意義：「如果我能夠控制自己的情緒，那麼我將會贏得某些人的讚許；如果我能夠調節別人的情緒，我有可能可以控制他人。」我不覺得這是一種真正有利於獲得自在的情商。這些「妄作」比較缺少思考，往往會把我們困在自己的一些不安的情緒裡。因為當你這樣做的時候，你其實也在擔心別人會這樣對待你。

我理解的情商，應該是追求自在的前提。我們盡可能與他人有一種真正和諧的關係，尤其是要與自己的情緒，有一種比較和諧的關係。一般來說，談到情緒的時候，大家都會有一種很自然的二分法：有些是「好」情緒，有些是「壞」情緒。

什麼是「好」情緒呢？比方說愉悅、開心，這些通常會被人們認為就是好的。對於「好」的情緒應該怎麼做呢？我們會努力去追求，不顧一切地去獲得這樣的情緒。其實不用我多說，大家可能已經從身邊的例子裡看到，有些人追求「好」的情緒，雖然也不是一定追求不到，但是往往會把自己弄到一個更深的壞情緒裡頭。如果你對這些所謂的「好」情緒多一份貪戀，你特別喜歡這種「好」，覺得那時的自己才是真正的自己，在那種生活中才是真正的享受，那麼，當你進入一種相對平和的心態時，你可能會感覺很無聊、很憂鬱，因為你覺得在平和狀態中，自己就不是自己了。那就更不用說一些所謂的「壞」情緒了，如我剛剛所說的失望、悲傷、內疚、羞恥、憤怒乃至絕望，你會覺得這些情緒簡直是壞透了，連一秒鐘都不想去體會。

你可能會覺得，如果身邊有人處於這樣的壞情緒裡，那他真是一個可怕的物種，要想方設法地離開他，以免這樣的壞情緒會傳到自己這裡。這其實也是一種比較高級的作繭自縛，這個「繭」是什麼呢？就是我們所以為的「好」情緒編織出來的一種好的生活。

作繭自縛時，我們很難容忍生活當中這些情緒好好壞壞、起起伏伏、來來往往，就會竭力地想把自己控制在所謂的「積極情緒」的狀態。一些市面上的自助性的心理書籍，又會有意無意地強化這種對待情緒的態度，想方設法讓人感覺到要有一種高峰體驗，要有很愉悅的感覺。

說得嚴重一點，這有點像一種精神上的鴉片，它會使人在回到一個相對正常的生活狀態時，感覺到空虛、沒有色彩；當面對所謂的「負面情緒」的時候，會感覺到厭惡，甚至驚恐。

我們的情緒其實就像光譜一樣。我們知道白光通過稜鏡的分解可變成七色光。你問孩子：「你喜歡什麼樣的光？」孩子會告訴你：「我喜歡黃色，我喜歡綠色，我喜歡紫色。」「你討厭什麼顏色呢？」「討厭橙色。」

其實，這些情緒只不過是波長不一樣的振動而已，它本質上是一樣的。只不過我們受了一些社會文化的影響，或者是由於我們對情緒的本質瞭解不夠，才會在情緒上產生好惡、愛憎。這就使得我們的自我被局限在比較小的地方，沒有辦法認出來：悲傷的自己是自己，痛苦的自己是自己，絕望的自己也是自己。我們擁有很多種狀態，這些其實都是真的，而且在根本的層面上它是連成一片的。這就是我對於情緒自在這一部分的觀點。

當然我並沒有鼓吹「這些所謂的負面情緒很珍貴，大家努力給自己創造吧，我們盡可能地受傷，盡可能地絕望吧」。當我們的心靈不夠成熟的時候，其實也容納不了很多情緒。不光是負面情緒，就連正面的情緒也難以容納，比如開心得過了頭，從中醫的角度來講，也會使心氣渙散。

大家記不記得「范進中舉」[10]這件事情？其實在中醫的醫案當中，有很多這樣的例子。所以，我們需要慢慢擴展自己的心。在我們的心足夠擴展之前，可以做些什麼呢？

首先，保護我們的心，以避免遭受過多的情緒刺激。比如，如果有孩子的話，就不要帶他去看恐怖片。孩子的心理還不成熟，當他看恐怖片的時候，好多刺激畫面進入他的頭腦當中，會沒有辦法消化。對他而言，這完全不是一件過癮的、興奮的事情，而可能是一場災難，甚至會引起一些創傷後的壓力反應。我們的心如果有一部分停留在孩子這樣的狀態，就應該保護它，使它不要被過強的情緒影響，不管是喜怒哀樂哪種情緒。

然後，要有一個足夠的安全區。其實這個安全區就是我們自在的一個基地。我們要學會保護自己，不要暴露在太劇烈的情緒當中。當我們的心逐漸地成長，逐漸地變得有能量、有容量之後，它對於情緒的感受就不一樣了。它可以消化一些情緒，並且把這些情緒轉化成一種生活的智慧、來自經驗的智慧。

這時候我們就會擁有真正的情商：我們能夠辨識自己的情緒狀態，也能夠辨識別人的情緒或者情感狀態。而且我們知道自己的情緒、情感狀態的規律，也知道別人的規律。

這樣的話，在交流的時候，我們就不會誤以為自己的某種狀態是別人帶來的。這種誤會往往會引起一些交流上的障礙，會使得對方覺得莫名其妙，在這樣的壓力下，對方可能真的會表現出你所預期的行為。這種自證式的預言，在家庭之中、家庭之外、職場之中、職場之外創造了不計其數的麻煩，把很多人趕到了我的諮詢室裡。**我們逐漸學會辨識之後，這些點點滴滴的情緒就會轉化成一種智慧。不光是正面的情緒可以轉化，負面的情緒也可以轉化成智慧。**

如果你被某種情緒所主導，其實你可以在主導你的情緒當中學到很多東西。比方說如果你總是很憤怒，其實你可以從憤怒當中學習。憤怒裡頭有太多東西了，我們接下來會有專門的一節來講它。

對情緒的本質有了更多、更深的瞭解後，我們的心可能就會處於一種對情緒自然接納、悅納的狀態當中。這時候，我們的情緒就像是天上的雲。我們知道無論是白雲還是烏雲，本質上其實並沒有差別。白雲固然有很多美的變化，烏雲其實也值得欣賞。在唐詩宋詞當中有很多描繪烏雲的景象，烏雲也有它的美法。

我有時候會讓我的學生們有意識地花一段時間觀察雲。我們在平時生活當中，心會陷於日常狀態，就很容易形成管狀視野。但是一旦抬頭看天的時候，會發現天是很大的，很多事情不隨我們的

10「范進中舉」是《儒林外史》中的故事。范進是古時候的一個讀書人，在考試多次後終於在鄉試中考取了「舉人」，因此喜悅至極，精神錯亂瘋掉了。

意志轉化，天本身是很自在的。當我們的眼看著天空的時候，情緒就會被天氣所轉化。其實這也是一個很好的轉化情緒的途徑。

我自己經常會去看一看雲。我生活在深圳，擁有藍天白雲的日子很多。當我結束一天的工作、選擇步行回家時，我經常會停下來看一看天上的雲。在這個時候，從臨床當中所帶出來的一些比較沉重的情緒，也會被這樣的環境所自然轉化。推薦大家試一試。

02

喜：專心致志，樂在其中

#1 我們趨樂避害，所以很自然會把喜當成一件值得追求的事情。一種喜是滿足欲望，一種喜是很刺激、不無聊。

#2 積極心理學關於喜悅的研究中，有「心流」這一概念，也就是「高峰體驗」。在這個體驗中，我們會感受到一種很強的完整性和連結感。

#3 生活有三種喜，原發性的喜、繼發性的喜和工具性的喜。原發性的喜會比較好一點，但是這三種喜都蘊含著不開心。

#4 不設限的隨喜，是更接近自在的一種喜悅。

要跟別人講一點沒那麼好的事情的時候，有什麼樣的技巧呢？我們會先說好聽的。所以，我也要挑一個好聽一點的情緒來開始，先講一講七情當中的「喜」。

喜就是開心，大家開心的時候，幹嗎要多想呢？多想就不容易開心了。這是我們對於喜的一種日常的態度。這個態度沒毛病。我們平時主要就是被這個態度所指導的。我們趨樂避害，所以很自然會把喜當成一件值得追求的事情。

在日常生活當中，可以說是靠推力和拉力來使我們運動。拉力指的其實就是喜。我們要做什麼樣的事情？要做讓我們開心快樂的事情。

人生最重要的事情就是開心。那開心是什麼呢？開心就是滿足。滿足是什麼呢？滿足就是你想要的事物實現了。

你想吃烤串，就有烤串送上門來；你想實現一個小目標，銀行裡就多了個零或者不止一個零；你想升遷，你就升遷；你想找到好的男女朋友，就能夠找得到。這些事情都會使我們感到滿足，當我們滿足的時候，期待的過程中所蓄積的不安感和焦慮感，就很自然地被釋放了。這些情緒釋放的時候，我們的身心就會感覺到放鬆，這是一種喜。

還有些喜，不是每個人都想追求，但是它同樣也是喜的一種。前文所說的喜是刺激被卸載。而這種是覺得好無聊，想找點刺激。

這個時候要做一點帶來焦慮的事情。儘管帶來焦慮，但是並沒有很大的危險。我們的身心在經歷這樣的坐雲霄飛車式的體驗之後，放鬆程度也很高。所以有些時候我們會找刺激，因為這個刺激只要不把人刺激死，帶來的會是一種比較愉悅的、比較過癮的感覺。

這樣的身心感受都屬於喜的範疇。除這些在日常狀態當中的喜之外，還有一些喜在日常狀態當中沒被體會到。

在很多修行的體系當中，人會達到一種不一樣的安樂狀態。這種安樂的狀態，既不是某種刺激被突然卸載了，也不是在很無聊的狀態下有很多很新鮮事物的刺激，而是它呈現出我們的心的某一方面的屬性。

我在上一節的導論當中提到過，我們的情緒就像七色光譜一樣，本身就有「喜」這個光譜。如果我們的心變得比較安定，自然就會進入一種喜悅的狀態。不同修行方式帶來的喜悅狀態是不一樣的。比較淺一點的叫作輕安[11]，有些可以達到大樂的程度。

這啟發了積極心理學的研究者們，他們提出一個概念叫作「心流」，即英文當中「flow」這個詞。這個詞有點像人本主義心理學所提出的「高峰體驗」。這種高峰體驗跟刺激的感覺是不一樣的，在這種高峰體驗裡，人會體驗到一種很強的完整性，一種連結感。積極心理學家便把類似於這樣的感

11 輕安：佛學詞彙，是禪修的一種初階狀態，表示身心都很輕鬆舒適。

受叫作心流。

有些人為什麼專心致志地做一件看起來沒有很大回報的事情?比方說，有人專心致志地做手工，手工產品其實也賣不了多少錢。燒製一個陶器，如果他不是名家的話，這能得到多少回報呢?但是他樂在其中。

如果你問:「你樂什麼呢?」你會發現當他的注意力高度集中的時候，他就進入一種我剛剛所說的心流狀態。在這種狀態中的快樂，沒有體驗過的人是很難想像體會到的。比如，有人會打麻將。打麻將一般來說應該是一件負面的事情，但是有些人打麻將打到了一種心流的狀態。其實只要在這樣的狀態當中，不要過分消耗，那可能也有滋養我們心靈的作用。

總體而言，喜儘管有層次以及是否屬於日常意識狀態等方面的區分，但它總體還是一種積極的情緒表達。當我們看到別人開心的時候，自然地也會開心起來。

當然這裡所指的是一種正常的情況。比方說很多人只要看到嬰兒的笑容，就會不由自主地被他們的笑容所啟動。這個「啟動」是一個認知心理學的術語，但是放在這裡也不難理解。你會發現，在你充分意識到你在關注著一張嬰兒的笑臉之前，你臉部的肌肉好像已經呈現出微笑的樣子了。

其實有一類人不大容易被嬰兒的笑容所啟動，除一些可能是自閉的人之外，當人陷入憂鬱當中的時候，這種被嬰兒的笑容所啟動的能力就也暫時地失去了。

我還發現，很多人聽相聲會聽到哈哈大笑。但是憂鬱症的病人，當他的病情惡化的時候，有一種相對而言常見的狀態：當一群人坐在電視機前面聽郭德綱的相聲的時候，憂鬱的人並非忍著不笑，而是他的臉上肌肉真的沒有任何笑意，裝也裝不出來。所以朋友們，如果你們發現，聽相聲的時候沒有辦法很自然地笑，或者沒有辦法被嬰兒喜悅的表情所啟動，要稍稍留一點心。

一般來說，這種原發性的喜悅當然是一件很開心的事情，我們都能夠有這樣的時光。但是，這種喜也有繼發性的情況。

什麼叫繼發性的喜？就是你最核心的感受不是喜悅，但是你用喜悅覆蓋在那些相對而言比較沉重的感受上面。並不一定說你是來騙別人或者有意識地騙自己，而是有時候我們的心會自動地校正，它會用一些比較膚淺的喜來覆蓋那些比較沉重難受的情緒。

這個時候我們要稍稍留意一下，看看這種喜悅的持久性怎樣。因為這種喜悅是防禦性的，所以它的持久性不會太好。再者，除了原發性的喜悅和繼發性的喜悅之外，也有工具性的喜悅，比方說，喜劇演員就有可能是工具性的喜悅。

以前有個笑話，一個人走進心理醫師的診間，說他自己感到非常不開心，甚至想自殺。這個心理醫師給他出了個主意：「鎮子上有一個滑稽演員的表演，據說能夠使所有人都哈哈大笑，甚至連母雞都會被他逗得咯咯大笑。我覺得你應該去聽一聽這個人的演出。」大家猜到結尾沒？這個人回答說：「我就是那個演員。」

我們現代社會過於要求人要喜悅了，一個空姐式的笑容、空少式的笑容是很多服務行業的標竿。所以，哪怕你不開心，都要有一種工具式的開心，這其實會讓人很不自在。因為這個工具性的開心維持起來很衝突，特別消耗能量。

你們有沒有聽說過微笑型憂鬱呢？你要留意這種哈哈大笑的人，他不一定是真正感到喜悅和自在，他有可能是為了適應周遭的環境不得已的。有些時候，可能就是他要適應原生家庭的環境，不得已要這樣。如果他有一個憂鬱的媽媽，他可能在很小的時候就知道要逗媽媽開心。久而久之，就變成工具性喜悅的天才了，自己都不知道是什麼時候習得的。

說到這兒，大家知道喜悅也不一定是一件完全好的事情。如果它不是自發的，有可能會變成一個沉重的負擔。

從中醫的角度而言，也有提到大喜傷心。你們有沒有留意過，有一段時間，好幾位喜劇演員因為心臟病去世了。儘管不能說在統計學上完全論證了這一點，但是大笑的確容易使心氣渙散。可能如果你本來心臟不太好，心氣一渙散，就會帶來一些麻煩。

除上述所言的喜之外，還有一種屬於四無量心的喜，什麼叫無量心呢？就是不能測量的，它是一種非日常意識的喜悅狀態。有哪四種無量心呢？有慈、悲、喜、捨。

無量的含義很豐富。有一點很重要：如果我們只為自己的事情開心，這個心肯定是有量的。哪怕它是原發性的喜悅，其實還是很局限的。如果你碰到不開心的事情，這個喜馬上就沒有了。

有一個術語，其實它也變成了日常語彙的一部分，叫作隨喜——如果別人開心，我也感覺到很開心。這樣的一種喜其實就有一點無量的味道了。

在上一節當中我提到，如果你心情不好的時候，可以看一看雲。無量其實也包含這方面的意思。你如果能夠看出天地的美，為天地的造化而動容，哪怕它不屬於你，你也不可能買下它，但是它的美仍然能夠抵達你的心底。

當我們的心努力地變大的時候，你會發現，**身邊雖然有很多使我們煩惱的事情，但是使我們喜悅自在的事情其實是一樣多的**。在我這本書當中，其實傳遞的就是這樣一種信念，我們要努力地把「小喜」變成「大喜」，前提就是把「小心」變成「大心」。

03

怒：轉化能量，建立人際界線

#1 怒就是生氣、憤怒，是大家比較不喜歡的一種情緒，但其實也是人類的基本情緒之一。

#2 怒分原發性、繼發性和工具性三種。

#3 原發性的憤怒一般用來動員能量，讓我們準備迎接挑戰。

#4 繼發性的憤怒一般是用來掩蓋悲傷和脆弱。

#5 工具性的怒一般會用來控制別人，但是很可能會傷害自己的身體。

#6 憤怒可以轉化成一種堅定性，自信、堅定、不含敵意，這樣更可能達到不怒自威的狀態，也就更貼近自在了。

說完了喜，我們來說說怒，這兩個情緒實在是太醒目了。

一隻狗或者一隻貓的喜，我們看得清清楚楚，它們的怒，我們也一樣看得清清楚楚。一個嬰兒的喜怒，我們都能夠很輕鬆地分辨出來。對於嬰兒而言，他們的喜怒轉化的速度實在是太快了，我們看到這樣快的轉化，往往會覺得搞笑，都忘了自己當時也是這樣的。

怒其實就是生氣，這個氣就是一種一定要排出的東西，所以才會有「怒不可遏」。無法遏制的憤怒，是非常難以忍受的、燥熱的、必須迅速釋放的。我們如果懷揣憤怒，會感覺到自己的身心處於炙烤當中。有時候，我們把怒懷揣得太久，看起來它好像降溫了，實際上並沒有。它其實在炙烤著我們的身心和血肉。

憤怒儘管是大家都不喜歡的，但從辯證的角度來看，憤怒其實也是七色光譜之一，而且它還很有用。憤怒是一種非常基礎性的情緒，甚至像是一種條件反射。

你在逗狗和貓的時候，能夠看到它們在發怒的狀態下像炸毛一般。有時候，我們人儘管沒有毛可炸，但是作為同是哺乳動物的一員，我們跟動物的內在狀態其實差不多。

我們的大腦如果在這個時候被掃描的話，你會發現人的憤怒的腦區跟其他哺乳動物是一樣的。如果去測我們血液當中的激素變化，你會發現一些與戰鬥相關的激素，比如腎上腺素很快就分泌了一個小高峰，它會使得我們的心臟撲通撲通地跳，呼吸變淺變快。

憤怒有什麼樣的能量呢?憤怒具有動員的作用。我們要給自己壯一壯膽，像是打人之前要先罵幾聲。這其實就是罵給自己聽的，為什麼要罵給自己聽呢?是要給自己壯一壯膽。

所以這個怒其實在進化上有積極意義。對內，它是一種動員能量，一種迎戰的狀態；對外，它有一種威脅或者震懾的作用。就像河豚一樣，本來是一條看起來萌萌的小魚，它在憤怒的時候，體積一下子擴張了幾倍。人的話就是怒髮衝冠，我們一看這個人，氣勢洶洶，一般而言都會避而遠之。

所以這個憤怒的確是蠻有用的。

作為一種原發性的情緒，憤怒跟我們腦區中很原始的部分有著密切的關係。一個人想完全不怒，那倒是挺奇怪的，好像是腦袋缺了一塊似的。所以一般來說，如果一個人完全不怒，最有可能的是你沒有見他生氣的樣子。他可能不在你面前發怒，他這個怒火對著另外的一些人。

也有一些人用一些看起來比較平靜的東西把憤怒給壓抑了，這時候怒就變成了「鬱怒」。鬱怒的人看起來好像是笑咪咪不生氣的樣子，但是他一旦做起夢來，在夢裡面是要殺人的。

我是見過這樣的例子的。這個人白天看起來一點攻擊性都沒有，一旦做夢就是無惡不作，有多凶殘呢?那血淋淋的場面，我聽了都感覺到很害怕，我就不跟各位描述了。所以憤怒這種情緒還是理應有個合適的出路。

原發性的情緒本身就是七色光譜之一，無所謂對錯的，它只要處於流動、均衡當中，那就是自然的。

說完原發性的，我們再說說繼發性的或者次級的情緒。怒這個情緒有什麼樣的用處？它可以掩蓋我們的悲傷。我們悲傷的時候覺得自己能量狀態好低。我們不喜歡自己能量狀態低的樣子怎麼辦？有時候我們就用使自己變得憤怒的方法。

你要知道這些情緒之間會相生相剋。從一個中醫心理學的角度來看，憤怒和悲傷，兩者間相互對抗。很大的悲傷可以壓過憤怒，很大的憤怒也可以壓過悲傷。所以一個人很悲傷的時候，他可能會用憤怒來掩蓋他的悲傷。

另外，一個人如果很脆弱，他可能會用憤怒來掩蓋自己的脆弱，好讓自己看起來沒有那麼脆弱。你不喜歡自己的脆弱，其實你也不喜歡別人的脆弱。你也希望周遭的人都比較強大，這樣的話才能夠幫助你，對不對？脆弱是一種我們都有的感受，但是我們都努力地把它當內褲一樣給罩在裡面，不讓人家看到。一個人如果他內在有脆弱的感覺，他往往會經常生氣。這種生氣會讓別人感覺到這個人好像還挺有能量的，挺厲害的。一些比較大型的哺乳動物，像大象，就很少生氣。一些小博美犬，一不小心就汪汪不已。憤怒作為次級情緒，的確可以掩蓋脆弱。

我們如果不知道自己在用次級情緒來掩蓋，那就沒有辦法去貼近、整合、接納原發的悲傷和脆弱了。久而久之，我們的能量系統的流動就不順暢。所以，我們要善於識別原發性和繼發性的情緒，或者說初級和次級的情緒。

我還要講一下怒作為工具性的情緒。我每一次講情緒的時候都會使用三分法（原發性、繼發性、工具性），這種三分法是建立在現在的情緒心理學、情緒神經科學、情緒聚焦的療法這些基礎之上的。對於讀者而言，如果知道這種三分法也是有用的。

現在，我們可以很輕鬆地理解怒作為工具性的情緒：一些人他不生氣，但是他要裝作生氣嚇人。本來，我覺得這可能是人長大之後，尤其是當上領導之後才學會的一種嚇唬人的招數。後來，我發現小孩子也是可以用假性憤怒來控制人的。一般來說，小孩一憤怒，大人其實也蠻惱火的。所以我們就會說「好好好，給你手機玩一會兒」、「好好好，買買買」等。這個孩子就變得越來越憤怒，到了最後，他的憤怒都已經不是工具性的情緒了，這個工具已經長到他身體裡了。

可見，憤怒的確是可以作為一種控制人的手段。我們要對自身做一些檢討，我們在那麼小的時候就學會了用憤怒來控制別人，說不定還以為這是我們自己原發性的情緒。

其實，每一次把憤怒作為工具使用，它的主要傷害對象是我們自己的身體。哪怕是你裝作生氣，但是你的內分泌系統以為你是真生氣，結果分泌了一堆激素，完事之後這些激素還要代謝，對你的心臟也會產生一些負面的影響。所以哪怕次級情緒的憤怒沒有那麼容易覺察，我們也要留意一下，不要老是拿憤怒來控制別人，因為它往往不會成功。你當年能唬著你爸媽，是因為那是你爸媽。你要是拿這個唬你的同事、朋友，反倒會給自己帶來一些麻煩。

還有一些情況，有些人可能看起來也沒有對外的工具性憤怒，他的憤怒跑哪兒去了呢？他的憤怒指向自身了。別人的箭往外射，他的箭往自己的心上扎。這種鬱怒會導致什麼呢？它可能會導致憂鬱。對於那些憂鬱的人，如果你用認知療法來檢查他的自動思維、核心信念的話，你會發現他有很多指向自己的一些很負面的思維：「我是不好的，我是有罪的，我是蠢的，我是沒用的，甚至我是該死的。」這些，其實都是對自己的憤怒，儘管他好像沒有體會到一種憤怒的情緒。

有一些人長久地對自己憤怒，沒有導致憂鬱，而是導致很多身心症狀。比方說他身體會沒有來由地疼痛，這些疼痛在內科醫師那裡也找不到什麼原因。這種疼痛似乎與情緒有關係。每當感覺到被別人否定、惹別人憤怒的時候，好像就會先捶自己一頓。這樣一來，這種對自己的憤怒，就真實地導致了對自己身體的一種傷害。一開始可能就是一些身心方面的症狀。這種憤怒累積起來，到了最後甚至有絕症也說不定。所以，儘管憤怒有它的好處，也的確有蠻多壞處。

對於這個憤怒，我們怎麼辦呢？憤怒其實可以轉化，可以昇華。對自己憤怒的人，就是對自己的憤怒沒有很好的見解。他覺得憤怒一定是不好的，他不能對外人發怒，所以就天天「扎」自己、「捅」自己。

其實，好的憤怒可以轉化為堅定性。這種堅定性可以用「不怒而威」這個成語來概括，就是一個人能夠很好地維持自己的邊界，而不是看起來一副咬牙切齒的樣子。當這個人逐漸地在內心把憤怒當作一種能量的時候，這種能量的確可以用來作為正常的防禦，使得這個人不容易被欺負。

我們通常欺負什麼樣的人呢？這個祕訣好多人其實內隱地知道：我們就欺負那些容易自我欺負的人。我們對哪些人發怒呢？對那些經常對自己感到憤怒的人。

如果學會了轉化自己的憤怒，把自己的憤怒轉化成一種堅定性，英文當中叫作assertiveness，那麼，這個人其實就可以在憤怒當中自在，因為他傳遞出一種堅定不可侵犯的立場。我當然希望各位或早或晚能完成這種轉化。

04

哀：被本能排拒的節能模式

#1 哀是對「喪失卻無能為力」的正常反應，每一個喪失裡頭都包含了外界和內心的雙重喪失。

#2 有些哀傷有積極意義，能為當事人恢復精力，但異常的哀傷，比如憂鬱症，可能本身會消耗大量精力。我們需要尋求專業的幫助，而不能僅僅依靠自助書籍。

#3 異常的哀傷經常是由於早年的哀傷體驗被中斷，導致不能自然地哀傷。沒表現出的哀傷藏在心裡會成為憂鬱症的緣起。

#4 我們可以觀察自己心的規律，以此保護自己，避免引起重度哀傷情緒的情境。

我們對於哀的一種本能反應就是不喜歡它。因為在情緒當中，哀的能量等級實在是太低了。哀傷時，人感覺到自己真的是好沒有力量。這跟憤怒還不一樣。憤怒的時候，其實我們處於一種「火焰」的包圍裡，像是一種很有能量的狀態。

我們常言「哀莫大於心死」。我們的心有一種總體性的「死」，還有局部的「死」。局部的死其實就是一些失望。你本來期盼一些事情能夠達成，但沒有遂願。對你而言，你喪失了什麼呢？

你不光是喪失了這件事情能夠給你的好處，你也喪失了那個懷有希望的自己、懷有期待的自己。所以，每一個喪失裡頭，都包含了外界和內心的雙重喪失。

我們很難接受這樣的喪失。那些嘴上說「我接受，這都過去了」的人多半不能信。我們在臨床上看得特別清楚：使一個人真正接受喪失、走出哀傷很困難，需要歷時很久。當然，假的「走出來」就比較快一點。

哀傷，或者說悲哀，就是人對於「喪失卻無能為力」的正常反應。也就是說，它不一定是病理性的。你飼養一些小動物，也能夠看到，當它們喪失某些機會的時候，可能也會有一種哀傷、無助的感覺。

哀，其實也是有一些積極意義的。它跟憤怒不一樣，憤怒也可能是對喪失的反應。憤怒通常會引發一種很劇烈的行動，往往會導致比較糟糕的後果。但是在喪失之後，如果處於一種哀傷的狀態，它其實可以比作一種能量節省模式。在這個時候，你不會有很大的動作。當你不會有很大動作的時候，其實你在節省能量。所以哀的本質是：我們需要停下來，需要有一些反思。

但是，我們身處的當代社會文化，它無比討厭哀傷。所有的廣告都在告訴你如何快樂，而不是如何面對你的哀傷。更不用說如何欣賞，乃至接納、悅納你的哀傷了。

以前，一個人如果喪失了至親，他會有一個官方所賦予的居喪期。居喪期可以很長，叫作丁憂[12]，這個階段你可以好好地沉浸在哀傷當中。不光是在我們的文化裡，在猶太文化裡也是這樣。一個人失去了至親，他會專門有一段居喪期。他的親友會來照顧他，他不需要做任何事情，連飯都不需要煮。他也不需要外出，而且還有人幫忙來接待他的親友，所以他可以好好地沉浸於這種哀傷的反應當中。其實這種對於哀傷的態度是很正常的。

當然，我們並不是說所有的哀傷都是必要的。有時候哀傷可能會異常延長，或者這種哀傷的反應非常沉痛，以至於它沒有幫助當事人去恢復精力，而是消耗了他大量的精力，使他的生命能量越來越低。這種異常的哀傷會有什麼樣的表現呢？

他可能會有憂鬱發作或者惡劣心境的表現，也就是俗稱的「憂鬱症」。憂鬱症的人處於一種不同尋常的哀傷狀態：他可能喪失了對既往所愛事物的興趣，可能終日感覺到心情非常悲傷沉重，甚

12 丁憂：指遇到父母或祖父母等直系尊長等喪事。「丁」是遭逢、遇到的意思。

至在某些情況下他會感覺自己思考問題都很困難，甚至沒有起床的能量。

這些哀傷跟我剛剛所說正常初級情緒的哀傷很不一樣。通常情況下，這種憂鬱發作的狀態裡，僅僅靠閱讀一些心理自助書籍是不行的。這個時候需要來自精神科醫師和心理諮詢師的專業幫助。

為什麼一些人會有這種非常異常的哀傷？其實在臨床當中你會觀察到，往往是當年，他正常地體驗哀傷的過程被中斷、截止了。比方說他的確是有很大的喪失，但是在這個時候，周遭的人彷彿都擔心這會給他造成損害。所以，大家就形成了一種默契，顯得都不那麼哀傷。這樣，他面對一個哀傷情境，本來會有的自然哀傷卻沒有辦法生發出來。當哀傷生發出來，其實就能夠得到比較好的轉化。

這種沒有發出來的哀傷就爛到心裡頭了。經歷了很長時間的發酵，它就形成了一個「病灶」[13]。每當生活中發生類似於當年喪失的事情的時候，老傷就被啟動了。這時候，大量未消化的哀傷所發酵出的憂鬱，可能會一下子把人給撲倒、淹沒掉。所以我們如果想在哀傷當中盡量保持自在，其實是要防患於未然的。

面對一個哀傷的自然情境的時候，不管社會文化怎麼強調、身邊的人怎麼說，我們要明白：要給自己一點空間，去接納、品味這些哀傷。其實很多人在社會上會有一些自發獨自處理哀傷的活動，比方說借酒消愁。如果他沒有到一個病理性的程度，這樣去處理哀傷是無可厚非的。

其實在哀傷的狀態下，我們不大會有與人連結的願望。因為伴隨著興趣的廣泛喪失，我們對於跟人連結這件事，可能都不那麼有興趣了。但其實在這種時候，我們還是要提醒自己：說不定在另外一個人陪伴下，哀傷的處理過程會變得容易得多，因為這就像是有個人在岸上看著你一樣。

如果我們條件還不具備，那處在這種病理性哀傷狀態的時候，要格外留意。我們的心裡可能會湧現非常多的想法，這些想法往往是負面的：「我沒有用，這件事情我活該，我以後再也沒有什麼可能性了，我沒有價值，他不喜歡我，我是有罪的。」當你有這些想法出現的時候，要記得：在這樣的哀傷狀態下，出現這些內在聲音，其實是很常見的。

希望你不要被這樣的聲音嚇倒，最好能夠對這些聲音做一個情緒的筆記：我今天內心浮現了什麼呢？我把它記下來。把當時發生了什麼也記下來。你可能會疑惑，只是記下來就可以嗎？記下來其實有很多種用途。當你把它記下來放在紙上的時候，其實就跟它保持了一個距離了。

為何要保持這個距離呢？我們可以觀察在悲傷的歷程當中，有什麼樣的心理規律，我們要知道自己心的規律。所以我們要看一看，在什麼樣的情形下，跟誰在一起的時候，我內心這種負面的思

13病灶：這裡是一個比喻。醫學中，病灶一般是以慢性炎症的形式存在，隱藏在體內的某個部位，裡面藏著致病的細菌或其他感染物。

維會比較多。至少在接下來這段時間，你應該保護自己。你應該使自己遠離這些會引起負性反應的情境。

這一點很重要。有些人處於哀傷當中的時候，他彷彿有一種不斷加重虐待自己的反應。他不是保持迴避，而是會拚命地衝到裡頭。這樣的話，其實非常不利於哀傷的轉化。

如果你要去接受專業的幫助，可以帶上你的情緒筆記，這些筆記有助於另外一個人比較方便、明晰地看到你過去哀傷的規律。如果要總結一下的話，哀傷其實就是與喪失有關。

大家應該記得，前文所講過的苦就有一種是某個東西失去了。哀傷對應的就是失去了。其實我們應該知道，任何事情我們都不是它們的主人，這樣一種喪失和獲得其實是必然的。我們要在見解層面上有一個相對正確的、客觀的鑒定，這樣才不至於被喪失給拖到哀傷的泥潭裡面去。

還要留意哀傷有正常和異常之分。對於正常的，要盡量給自己一點時間和空間去轉化。如果到了異常，請記得這個世界上是有人能夠幫助到你的。

05

懼：安全與穩定的信號燈

#1 害怕和焦慮同屬於懼的範疇。

#2 恐懼是一種基本情緒，最大的恐懼就是對死亡的恐懼。在進化意義上，這對我們有保護作用。

#3 焦慮更像是繼發性的恐懼，是對恐懼本身的恐懼。焦慮也有工具性，我們會靠著焦慮來激發自己的能量去達成某事，但這種情緒會使周圍的人非常不自在。

#4 恐懼、焦慮的根源是不願接納世事無常，得到了就怕失去。

我們來說一說懼，也就是恐懼的「懼」這種情緒。這種情緒其實比較廣泛。有一些有明確的對象，比如恐懼；有一些沒有特別明確的對象，比方說焦慮。焦慮裡有沒有對象的一種懸浮的焦慮，有對一些事情的焦慮，也有一些對未知的焦慮。

其實恐懼是我們比較早所體會到的一種感受。孩子剛出生的時候，會得到媽媽很好的保護，當然我這裡說的是正常情況下，母親的功能就是使得孩子免除恐懼，使他盡可能地像處在子宮內的環境一樣。當孩子處於很好的、連續的一種身心狀態的時候，他就不會感覺到恐懼。

當他體驗到一種不連續感的時候，他就會感覺到恐懼，感覺某些東西不對勁。這時候，孩子就會釋放恐懼的訊號。這種恐懼往往與非常重要的人，也就是與媽媽的分離有關。

談到分離，其實最大的恐懼，也就是與自己的生命分離。說得直白一點，就是對死亡的恐懼。當一個兒童知道人是會死的，這一天，他的童年就結束了。當然，不是說方方面面都結束了，而是在心理的這一層面上，他知道了我們生命的有限性。首先是他父母生命的有限性。在這一時期，孩子會有很多恐懼的反應，可能會做噩夢，噩夢裡有某種怪獸之類的。

長大之後，其實有很多恐懼的根源仍然在我們的童年。和前文所講的喜、怒、哀一樣，恐懼本身也是情緒光譜當中很重要的一道光。它屬於一種正常的情緒。

你們知道嗎？有一類人不會體驗到任何的恐懼。有一位非常著名的攀岩高手，他在一些非常危險的地方攀爬，勝似閑庭信步，就像在自己家院子走一樣。我們會覺得這一定是有莫大勇氣的人。後來，神經科學家對他的大腦研究發現，他的大腦當中缺失了一個訊號，也就是來自杏仁核的訊號。

杏仁核是我們大腦的一個核團，與我們的恐懼情緒相關。

這個人由於沒有這樣的訊號，所以他體驗不到恐懼。請千萬不要羨慕這樣的情況，因為如果一個人沒有恐懼，其實他死亡的概率也會大大增加。恐懼本身能起到一種保護性的作用。

當孩子長到一定程度的時候，他如果看到一個明顯凹下去的地方、一個可能會讓他摔倒的地方，就會有恐懼的反應。恐懼是安插在我們的系統當中用來保護我們生命的一種很重要的機制。所以我們對於很多東西的恐懼就是一種反射，是非常原始的、生物性的反應。

比方說很多人會害怕蛇、蜘蛛這樣的東西。其實在人類過去很長的穴居時期，也就是住在山洞裡的時候，蜘蛛和蛇會在那些地方出沒，我們是很有可能受到它們傷害的。對於這一類「老鄰居」的恐懼，可說是被深深地記載在我們的基因層面了。儘管每年死於交通事故的人遠遠超過死於被蛇咬的人，但是我們對於汽車就不會產生這種反射性的恐懼。這是因為我們的老祖先沒見過汽車。

現在大家知道了，我們的恐懼有保護性的進化意義。但也正是由於它具有這樣的保護性，有些時候會保護得過了頭。一般來說，一種真正的危險周圍應該設一條警戒線，對不對？我們只要不進到線裡頭，理應都是安全的。如果保護機制變得比較亢進，在這條警戒線之外，又有二環、三環、四環……七環。我們可能在七環那裡就已經裹足不前了。這樣儘管是安全的，但是也不行。

一個人的生活中，如果存在著非常多的威脅，而且他對於威脅的迴避性、恐懼性的反應又非常亢進，那會怎樣呢？他會非常局限，動彈不得。因為前有狼，後有虎，在中間他還擔心左右兩邊看不見的威脅。

從恐懼到焦慮，其實也就是我剛剛所說的這樣的一個演變過程。可以說恐懼偏原發一點，焦慮是對恐懼的恐懼，偏繼發一點。套用我們前面已經學過的公式，焦慮也可能是工具性的。

一些人已經習慣了焦慮，因為以往他面對生活中的困難時，焦慮動員了他的生命能量，他得以成功地克服了困難。這對他而言，形成了一種獎勵的機制。於是，他總是把自己弄得非常焦慮。

這個時候，他的焦慮與外界環境的關係不大，與他本人的操作關係比較大。和這樣的人相處起來有什麼樣的困難呢？那就是，他也會把身邊的人弄得很焦慮，因為他打從心中覺得焦慮是一種好的東西。這就很麻煩，因為他帶來了一種焦慮的氣場。這種氣場使得不光是他本人不自在，與他有關的人都會不自在起來。所以，如果我們還沒有學會在焦慮當中自在的話，我們應該遠離這樣的人。

以上所說的，都是相對而言在正常範圍內的焦慮。相對而言比較異常的，有一種焦慮叫作崩解焦慮，這種焦慮非常原始。我希望你們沒有經歷過這樣的焦慮。在這樣的焦慮中，會感到自己彷彿都不存在了，彷彿變成了碎片，或者將要變成碎片。人就會處於一種比較極端的病理性的狀態當中。如果你在醫院精神科工作，你會在一些新入院的病人那裡體會到這樣一種崩解的、湮滅式的焦慮。

比這稍微好一點的就是被害焦慮。患有被害焦慮的人，總是覺得身邊有人對他不利。當然了，此處指的是沒有發展到妄想情況下的焦慮。即使沒有到妄想的程度，但是它仍然會折磨你。你每次到這個單位，總是會覺得別人在針對自己。這其實就是一種被害的焦慮。

其次，就是一種分離焦慮。分離焦慮在生活當中有很多種表現，比方說有人換一個地方就睡不著，他就像是小時候一樣，要抱一個自己很習慣的玩偶才能睡著。還有一些人特別懼怕生活當中的改變，哪怕是好的變化，比如升遷也不行。因為這種變化都意味著與老的、舊的、不一定那麼好但是習慣了的境遇分離開來。這樣的焦慮會限制人在生活當中自由移動。

再者是一種害怕失去愛的焦慮。他對於別人的態度非常看重：「你還喜不喜歡我？你是不是仍然看重我？我對你究竟重不重要？」他會有非常多這方面的擔心。如果對方回訊息的時間超過三十秒，這種焦慮有可能就被啟動了。

還有一種更「高級」一點，叫作閹割焦慮。這部分如果細細講起來，會牽涉到很多精神分析的細枝末節的知識。簡單來說，這種人會擔心某些對自己很重要的東西被毀壞。一些人覺得自己的容貌會容易改變，一些人覺得自己的才華可能會隨時失去，如此種種。

當然最「高級」的就是道德焦慮。當然，一個人如果完全沒有任何道德焦慮，那也是件挺可怕的事。有一類反社會型人格障礙，他們可能會走上犯罪的道路，他們真的沒有這種道德上的焦慮。

除了這些所有病理性的焦慮之外，其實還有一種叫作存在焦慮。人生於世，其實很多事情自己說了不算，做不了主。不光你是這樣，那些在你看來很強大的人，很成功的人，一樣有這種「不由己」——自己說了不算的焦慮。

由於工作的關係，我可以接觸到很多至少在世俗意義上非常成功的人。你會發現他們對於這種自己做不了主的焦慮，反倒比普通人還要高。其實**這些焦慮的背後，都代表著對於無常的不接納。**即使不從佛教的意義上去看，這個世界本身也總是在變化的。我們大家都知道，「這個世界上唯一不變的就是變化本身」。所以，只要是變化，那就一定意味著不斷失去。

不過通常而言，**我們總是把不斷地失去視為無常，而覺得不斷地得到就不是無常了。**如果你今天中了一百萬，你完全不會覺得這是無常，你會覺得這是你應該有的。大家對於這種變化有著一種看起來挺矛盾的態度。

其實我倒是鼓勵大家，如果你們有一點興趣和時間，去翻一翻《周易》。它其實就是講變化的學問：如何在變化當中保持自在，能夠適應、順應、駕馭各種變化。你如果有了這樣的能力，可以說在根本的層面上就剷除了「懼」的根源，也就是對於變化、對於不連續性的不安感。大家不妨找此書來看看。

06

嫉：化破壞力為成長力

#1本節用精神分析理論對羨慕和嫉妒兩種情感做了剖析。

#2羨慕來自三元關係，是一種健康的情緒，能承認別人的好，並期望和別人一樣好，有利於成長；嫉妒來自二元關係，包含了很多否認的因素，嫉妒的人會想毀掉他嫉妒的對象。

#3嫉妒之負面影響的最終受害人是自己，因為他會讓自己的一部分，嫉妒自己的另一部分。

#4一般來說，我們內心的建設性力量會讓嫉妒轉化為羨慕。因此，我們可以覺察自己內心的嫉妒，看見並嘗試理解它。

今天要說的「嫉」，其實是一個比較沉重的話題，我們在日常的對話當中會使用「羨慕嫉妒恨」這種說法，通常對方也是會心一笑。因為我們都知道這並不是一種非常強烈的、毀滅性的情緒。其實羨慕、嫉妒和恨是不一樣的東西。尤其，要想區分羨慕和嫉妒的話，其實在精神分析的體系裡說得比較清楚、全面。

我今天要跟大家介紹一下，嫉妒和羨慕有什麼樣的區別，它們對於我們的人格有怎樣的影響，我們如何克服、轉化、整合這些情緒，讓它轉為正面的效用，服務於我們的自在。其實我們要先理解它的機轉。

首先我想從羨慕說起。提到羨慕，大家會有怎樣的聯想呢？羨慕，其實在生活當中經常出現。我自己也會羨慕很多人，一些人在很多方面都比我好，比我優秀，而我希望成為像他們那樣優秀的人。這種背後的動機其實是羨慕，而不是嫉妒。

羨慕來自三元關係。如果沒有對精神分析的理論做一些瞭解的話，會對三元理論感覺有一些陌生。三元理論最為簡便的形式也就是孩子、父親、母親。

當進入某個人生階段的時候，男孩子可能會潛在地把父親當作一個挑戰的對象。他會想像父親一樣強大，只有這樣他才能夠擁有母親。在這種情況下，他其實認可父親是強大的。在認可的前提下，他才會覺得「我也希望自己這麼強大」。他能夠看到自己的「不那麼強大」，而且希望達到一種強大的狀態，這其實就有一種積極的意義了。透過對父親的認同，他就可以克服對父親的敵意。在這樣的情況下，他的人格就會得到比較健康的成長。

對於女孩子而言也是這樣的。這個階段用專業術語說叫伊底帕斯期。在這裡我就不展開對伊底帕斯期做過於細緻的講解了。有興趣的話可以去查「伊底帕斯衝突」、「伊底帕斯情結」。

對於女孩子而言，她的效仿對象或認同對象就是她的母親。她也是先要認可母親是有魅力的。如果她能夠像母親一樣有魅力的話，就可以跟父親在一起。所以，她會穿媽媽的高跟鞋、用媽媽的口紅，在媽媽不注意的情況下，可能會背著媽媽的包在房間裡走一下。這些其實都是對母親的認同。這種認同的動力就來自我們剛剛所說的羨慕。羨慕是一種積極的力量，就像我們古話裡所說的「見賢思齊」，看到好的，我想變得跟他一樣。

一般來說，羨慕是一種較為健康的情緒。一個人知道世界上存在著好，而且他知道另外的人擁有這種好，他想變得跟這個人一樣。在羨慕的推動下，他就會不斷提升自己、豐富自己。所以，羨慕的背後是一種生本能。生本能就是一種走向建設的、連結的本能。當生本能占據主導作用的時候，人格就會有自然生長的力量。

我覺得羨慕不是很難理解，因為大家在生活當中都會有羨慕的人。如果你回想起青春期的話，你會留意：那時候，你跟某些夥伴其實就有一種羨慕的關係。這個關係總體而言是和諧的。但是有時候由於羨慕變得比較強烈，就會有短暫的不快。說不定對方在某些方面其實也是羨慕你的。在青春期的時候，靠著這種彼此羨慕的關係，其實雙方都吸收了對方的一些長處，人格就會不斷成長。

接下來要講的嫉妒，跟羨慕很不一樣。「嫉妒」這個詞，如果你仔細品味的話，你可能就會感覺到身體有一種收緊感。因為嫉妒裡的這個「妒」，聽起來像是毒藥的「毒」一樣。

嫉妒的確是一種可怕的毒藥。這種毒藥的毒害對象往往不是你嫉妒的對象。你嫉妒的對象，在很多情況下，壓根不知道你在嫉妒他。所以這碗毒藥主要是被自己喝了，在內心不斷地腐蝕自己。

嫉妒和羨慕不一樣，嫉妒在發展上更為早一點，它來自二元關係。二元關係其實就是指母嬰關係。在一些精神分析學家的理論裡頭，嬰兒對於母親能夠餵養他這件事情並不是完全充滿感恩的。在某一個時期，他既感恩，但是內心又充滿了嫉妒。

你們可以試著代入一個脆弱無助的嬰兒的內心狀態。如果你為我提供好的東西，比方說很好的乳汁，那我豈不是要依賴於你嗎？如果你為我提供很好的乳汁，那你豈不是比我優秀？在我們的關係裡，我什麼都不是，是個可憐蟲。如果你為我提供好的乳汁，你有什麼用意呢？如果我對自己感覺又沒那麼好，你對我的好是不是假的呢？你是不是想控制我呢？

這時大家可以體會一下，儘管二元關係中，對方提供的是好的東西，但在接收方這裡味道完全變了，變成了有毒的、危險的東西。所以嫉妒的壞處，就在於它能夠把任何好的東西給染成壞的。

嫉妒裡頭包含了非常多的否認因素。嫉妒的人會否認對對方的依附，會認為「我如果依靠你，這不是一件好的事情」，就像是我剛剛所說的一樣。他也會否認對方是好的、乳汁是好的——「你對我的好都是別有用心的，你是想控制我，所以你是壞的」。在「你是壞的」的情況下，我會不會有一種想成為你的動機呢？不會。在嫉妒的情況下，完全不會。所以你是壞的，該怎麼辦？我要毀掉你。如果你的壞當中還有一點好，你也必須把那個好全部變成壞。你必須從頭壞到腳，這樣的話，我才有充分的嫉妒你並且要毀掉你的理由。

我不知道剛剛描述這樣的心理過程有沒有稍稍驚動各位。其實，我們在嬰兒時期，是走過這段被偏執性的嫉妒所主導的時期的。只不過我們後來內心建設性的力量遠遠地壓過、戰勝了毀滅的力量，所以我們的嫉妒就慢慢地發展成為羨慕。

但是，也有一類人比較不幸，他們的環境沒有這麼好，或者是由於一些更為複雜的因素，他的心理沒有發生這種逆轉。這樣一來，他的內心就經常被嫉妒所占滿。你們能夠在一些非常極端的例子當中看到這種情況，就像媒體所播報的，有人殺死了自己的同學這件事情。

如果你去看當事人的心路歷程的話，你會發現他的內心的確是裝滿了我剛剛所說的「毒藥」。儘管這是一個非常極端的案例，但是我相信對於所有人都有警醒的作用。

一般來說，我們人性在很多方面其實是相通、相同的，只不過每一部分在每個人心裡的比例不一樣。嫉妒其實隱藏在我們人性的深處，一個非常陰暗的深處。那裡蓄積了很多破壞性的力量。更為可怕的是，我們的一部分會嫉妒我們另外一部分的成長。就像有人在人生中，會為自己設置非常多的阻礙。看起來他就像是自己的一個敵人一樣。

為什麼他會這樣對待自己呢？其實他內在有著不同的部分。他內在有一個被嫉妒所主導的亞人格。所有人其實都有類似的亞人格。我們聽到這些之後，在害怕之餘，如果能夠有一些對自己的省察，這就是一種建設性的力量。

既然人性裡都有這部分，為什麼有些人就能夠將之發展成比較成熟的「羨慕」呢？其實我們每個人都需要為自己內心的這部分黑暗力量負責。我不希望我這一番話被理解為一種道德說教，但的確正像是我剛剛所說的：**當我們內心有如此強烈的嫉妒的時候，它的主要毒害對象真的是自己**。

當這個嫉妒占主要部分的時候，我們怎麼開發出真正的喜悅的能力呢？我們既不為自己喜悅，又不為別人喜悅，也不會為這個世界上任何建設性的、生長性的力量喜悅。這樣的一種生命遠非自在，可以說它非常閉塞，而且是一種非常陰險的，乃至危險的閉塞。所以，我建議大家看一看自己的內心，我們內在這一部分會藏在什麼樣的地方？

我們並不僅僅是關注在「我要譴責這樣的人，我要如何避開這樣的人」，重點是，我們需要發現我們心裡可能有類似的小人。

07

望：懷抱想像，看向遠方

#1「望」這種情緒可以理解為期待。

#2 期待一般是積極的，但是也會和負面情緒疊加。

#3 如果「望」是指向未來的，而且程度過了頭，就容易產生心理問題，落入不自在的狀態裡。

#4 我們也要適當地回望，這樣有利於理解自己現在和未來的行為和感受。

#5 如果被太多的人指望，活在他人期待中很容易陷入不自在，因此我們要培養自己的希望感，找到自己真實、穩定的期待。

這一節來說一說「望」這種情緒。

一般來說，我們談到情緒的時候，不會談「望」這種情緒。其實，「望」也是一種情緒的狀態。在情緒心理學當中，期待的英文是anticipation，其實是算作一種基本情緒。如果你看了很多照片，你會發現有一些照片顯示的情緒，其實就是我剛剛所說的這種期待。

一般而言，我們對期待的理解是比較積極的。比方說有人要送你什麼東西，然後快遞快要到了，你會有一種正面的期待情緒。其實期待也可以與負面的情緒疊加。比方說樓上掉下來一隻靴子，然後你就焦急不安地等另外一隻靴子什麼時候掉下來。這種「望」其實就偏負面一點。

「望」有很多種，總體而言，都是指向未來的。指向未來是一個很重要的維度，就像我們眼睛一定是往前望的。如果我們不轉腦袋的話，是望不到後面去的。

通常而言，往前看是一種比較積極的情緒。我們在日常生活當中，無論是勸別人，還是被別人勸，用的常用詞就是「看開些」、「往前看」。所以有很多與「望」有關的詞語，比方說「守望」、「盼望」、「張望」、「渴望」、「希望」、「望穿秋水」，這些都是往前看的。

一般來說往前看是比較正面積極的。但其實很多心理問題的產生，可能是由於在「望」上過了點頭，是太往前看了。像一些人到諮詢室來的時候，帶了非常強烈的情緒。因為他接下來要面臨某種生活的處境。他也不知道為什麼，當看著這個生活處境當中的可能性的時候，不管看得清不清楚，都會產生強烈的焦慮感。

所以往前看，有時候會帶來麻煩。比方說我所生活的城市深圳，就提出了「時間就是金錢，效率就是生命」的口號。其實這是非常重視未來的維度。如此重視未來的維度，可能會使得我們整個身心都會往前邊望。這種「望」有時候會使得我們進入一種很不自在的狀態裡。

當然，如果周遭的人都處於同樣的狀態，你夾在這樣的一個馬拉松的隊伍裡頭，可能很長時間都不覺得有什麼不正常。但是望著望著，我們的底氣可能就會有很大的消耗。所以有些時候我們還需要回望，需要走一段時間，便往回看一看。其實這本書中在很多個方面有這樣的明示或者暗示，那就是：我們的過去很重要，因為**我們的過去是預測未來最好的指標**。大家其實也可以記住這句話：**我們理解一個人的行為，不管是自己的還是他人的，其實都能夠在其過去找到線索**。「望」一般都是往前看，「回望」儘管不是那麼合乎天性，但是很重要。

我們接下來還要稍稍談另外一個很有中國特色的「望」，叫作指望。在我的來訪者群體當中，這算是一個常用詞。一些來訪者會講：「我是被指望的，他們都指望我怎麼怎麼，如果我不如何如何，那麼他們就沒有指望了。」

當我們處於別人的指望裡的時候，別人在他們想像的未來中就給我們安排了一個位置，或者派遣我們到一個地方。有時候你不知道你是在被指望，你活在別人的期待裡，這其實就大大地影響你的自在了。儘管這樣的期待可能包含很多積極的因素，比方說期待你好、期待你出人頭地。但是生活在別人的「望」裡頭，可能會給我們帶來一種莫名的不自在的感覺。

那我們如何克服這樣的指望呢？很重要的是，我們需要對自己的人生有一種真正的希望感。希望感特別重要。它一部分來自早年間父母對我們的希望感，這種希望感和剛剛所說的指望有重合，但兩者是不一樣的。

在希望中，他們會把你當成一個主體，而不是一個對象。當我們處於這種真正被希望的狀態的時候，我們可能的確有一種當家作主的感覺。如果一個人被不斷地指望，很有可能他會突然轉到指望的反面——失望、絕望。所以我們需要思考一下，我們對自己的人生是否擁有真正的希望感？

有一個小竅門，不要在你順境的時候來思考「希望」這件事情。當你在一些不順心、不愉快、不那麼好控制、說了不算、不那麼自在的景況裡的時候，最容易檢驗你的希望感是不是真的。如果是假的，在這樣的景況裡，人其實就會動搖。

朋友們，如果你們現在處於一種相對負面的景況裡，你可以看一看，在這樣的景況裡，你的希望感在哪裡？它是否仍然堅挺，是否仍然柔韌？如果我們能夠度過這樣的景況，成功地走出去，那麼這種劫後餘生的希望感會因為我們這一次的經驗而變得更加強大。我們對自己也就越來越會有一種正面的、積極的、真實的、穩定的期待。所以我們需要經常做一種個人展望的訓練。

一般來說，很多時候這種展望是相對被迫的。你處在團隊裡，可能會有業績考核。這種希望或者說指望，雖然不是完全負面的，但它是我們生活在這個世界上無法擺脫的事。我們要知道這個世界有它的局限性。

除去這些「被展望」之外，我們事實上需要隔一段時間進行一種真正的個人展望。有一個研究表明，經常進行個人展望的人，真的會逐漸獲得他所展望的東西。兩個人的才能其實差不多，為什麼其中一個人的生命曲線好像是持續的增長？說不定他對自己有一種行為上的激勵。

說到這裡，已經成家立業做父母的讀者，你們要注意，經常進行家庭展望是一件很有益的事情。有時候，我們可能會想當然地認為，對方（家庭當中的其他成員）所盼望、期待的跟我們一樣。但其實如果不在一起談一談的話，往往就會發生一些誤解，會導致這個大家共同拉的「車」（即家庭的目標）的速度逐漸慢下來。這是由於大家的希望點、盼望點其實並不一樣。所以，我們需要在一起談一談彼此的展望。這樣的一種形式叫作家庭展望會議，有時候在家庭治療當中，這個會議甚至是家庭作業的一部分。

所謂作業，就是你必須選擇合適的時機來進行這樣的展望。當我們展望的時候，我們內在的一些積極的力量可能會被逐漸地喚醒。所以，「望」的確是有正面的也有負面的。這個「望」的確是有我們自己真正的「望」，也有可能是別人的「望」。最終，我們需要發掘、發展出自己真正的「望」。它就像是一條高速公路一樣，指引著我們走向一個自在的未來。

其實我在這本書中分享這些內容，也就像是畫餅一樣，給大家提供一種希望感。希望感是助人的最重要的因素，一個人一旦獲得了希望感，他整個系統都會發生變化。我陪伴過很多人從失望、無望乃至絕望的景況當中走出來，其實我本人也是最大的受益者。

看過這些人生之後，我想說的是：**人生真的沒有統一的過法，每一種過法都有可能通向一種繁盛的人生**。所以我希望把這種從很多人那裡獲得的希望感傳遞給各位。有這樣的一句話：「相愛的人不是你看著我，我看著你，而是我們共同望向遠方。」其實當我們共同望向遠方的時候，遠方真的可能會有一個奇跡等著我們。

08

無情：沒有情緒也是一種情緒

#1 無情也是一種情緒，但我們有時難以察覺自己的無情。

#2 無情有時候是被迫的，比如思覺失調症中有些情感淡漠的症狀。述情障礙也是一種被迫無情，表現是找不著合適的詞語表達情緒。

#3 「主動」無情，一般是無意識地壓抑或者有意識地壓制自己的情緒，通常是為了保護自己。

#4 「主動」的無情很容易讓人在中年或某個人生階段發生情緒危機，因為情緒是人格的養分，壓抑十分容易導致爆發。

#5 大家要學會體驗自己的情緒，讓情緒自由流動，做個「有情」人。

今天要講的是無情。

這很奇怪，難道無情是一種情嗎？我們不都是講「人非草木，孰能無情」嗎？難道不是只有草木才是無情的？其實沒有情緒，也是一種情緒。

我們在諮詢工作當中會非常注重來訪者的情緒。很多時候，我們問來訪者：「你是什麼感受呢？這件事情讓你感到什麼呢？」你會發現這個問題不是那麼容易回答。有些來訪者對於這樣的問題可能會感到迷惑，有些甚至會對你問這樣的問題感到氣憤，因為你像是在向他提一個對他而言很難的要求。他可能會有一種情緒表達出來——憤怒。「你為什麼老問這樣的問題?!」這時候其實他的情緒就出來了。

在日常生活當中，你們問一下自己：「當下我在哪兒？我在幹些什麼？我的情緒是什麼？」你們會發現第三個問題，不是那麼容易回答。很多時候我們其實對於自己當下的情緒也就是一種混混沌沌、說不清的感覺。相比那些比較鮮明的情緒狀態，比如喜、怒、哀、樂，這樣的狀態其實更常見。

很多時候，我們的情緒就像是以前電視沒有訊號時出現的雪花點一樣，或者是收音機裡的白噪音一樣。你說雪花點裡面在放著什麼節目呢？什麼都沒有。無情的確是一種主觀可體驗到的，並非罕見的情緒情感狀態。

有一些無情，其實是被迫的。怎麼被迫的呢？其實有一些神經、氣質、生理等方面的原因。一般來說，像思覺失調症，如果是負性症狀的話，其中有一個表現是情感淡漠。你和這個人聊天會覺得很難聊得下去。在被社會所界定的正常人之間的聊天總是有情緒流動的，你能夠感覺到對方的情緒。有時候透過非語言訊息，情緒其實也在不間斷地表達。但是在我剛剛所說的這種情感淡漠的情形中，你會發現對方真的沒有情緒的流動。這就像是乒乓球一樣，你發球，但是對方不還球，這球就打不下去了。當然，對這一類群體，我猜想諸位讀者應該不那麼熟悉。

生活當中有一類人，他們可能有一些分裂型或者分裂樣的人格障礙方面的異常。這類人雖然整體功能大致而言正常，但是他在情感這一方面的表現，其實也像我剛剛所說的思覺失調症的負性症狀，是情感淡漠的。如果我們對他們的大腦做研究的話，會發現他們與情緒相關的腦區出現了一些異常。當然很多的腦機制現在還沒有被研究透徹。

有一種情況跟我剛剛所說的都不一樣，我把它放在「被迫無情」裡，這種疾病叫作述情障礙。有這種障礙的人其實是有情緒的啟動，但是他找不著合適的詞語表達情緒。

很多人，哪怕並不符合病理性的診斷標準，但其實很多情況下，在表達自己的情緒時存在著一些障礙。

我們會發現，有的人他整體上沒有述情障礙，但是談到某些與他的情結或者創傷相關的事情的時候，他可能就進入一種無情的狀態。這種無情狀態我把它叫作「主動」的無情狀態，當然這裡的主動是打了引號的，因為這並不一定是當事人在那一刻有意識的選擇。

一般來說情緒這樣的東西，的確會產生一些煩惱，就像是我們以前所說的「為情所困」。煩惱大到一定的程度時，人其實會自己想辦法。

想什麼樣的辦法呢？斬草除根。「我不讓自己體驗任何情緒，我就這麼按部就班地過日子，該怎麼就怎麼，情緒的部分我不體驗、不去想。誰要跟我提，或者有意要使我感受到這部分，我就要迴避他。」其實這就是一種「主動」的無情。其中有相當多的「主動」無情，這個主動是需要加引號的。因為對情緒的壓抑過程其實是無意識的，你根本就沒有留意到你對自己的情緒和情感有一個壓抑的作用。

比方說男孩子可能會壓抑對父親的負面情緒，比如我們在前面講過的嫉妒。這男孩甚至可能還會反向形成[14]：我不是對父親有一些敵意，相反我特別尊敬他。其實這些都是無意識裡的策劃。

還有一種壓抑的意識化程度比較高，它不叫壓抑，叫壓制。在壓制的時候，我們的確知道自己在壓制。

那為什麼要壓制呢？這其實與社會文化對於情緒和情感有著不正確的態度有關：好像情緒總是與混亂、弱小、不成熟、偏女子化這樣的事情相關。這樣的事情好像並不有利於一個人很高效地生產某些東西。所以我們在很多時候，都要求一個人要情緒穩定。什麼叫情緒穩定？沒有情緒當然就最穩定了。

這種大的文化氣氛，影響了家庭的教養方式。家庭的教養方式中，可能會有一種讓男孩子潛移默化地「去情」的教育。所以他長大之後就自然地形成一種感覺：「我沒什麼感受，沒什麼情緒，我情緒特別穩定。」

其實不一定是這樣的。我留意到一些人在中年危機裡，會出現情感、情緒的大爆發。有時候，這些大爆發是以某種焦慮症或者憂鬱症的形式突然就發作了，但是此前都好好的。有時候，會體現在夢裡。夢其實是我們日常意識的一種補償，這是榮格的說法。你在日常生活當中情緒體驗得越少，說不定你在夢裡的情感體驗就特別豐富，或者說混亂。

或者是這種情況：中年危機裡的人，他們自己的情緒是穩定的，但是他身邊的人，比方說他的伴侶、孩子在情感方面卻變得非常過量、不可思議。如果從一個系統的角度考慮，那就是周圍人的情感在為他的無情進行配重、平衡。所以他也被別人的情緒所困擾，這樣一來他就不得不面對自己內心的確有情緒、有苦惱這件事情。

14反向形成：把無意識之中不能接受的欲望和衝動轉化為意識中的相反行為。

無法擁有自己的情感，而選擇壓抑的人，他們在人生的上半場，可能會有很多世俗意義上的成功。因為想得少、體驗得少，所以效率就高。但是由於他採用太多的壓抑和壓制的方法來對待自己的情緒和情感，他的人格其實沒有得到充分的滋養。

我們的人格其實就是多情才好，多情而不濫情。擁有一系列情緒，五彩斑斕，如彩虹一般，這樣的話一個人的內在就會豐富。沒有這些豐富情感的人，其實就像兵馬俑一樣，他就站在一個隊列裡行使著自己的職責。你要問他找準自己的位置沒有，那找得實在是太準了，因為壓根都不能動。

還有一種情形與創傷有關，不是壓抑，不是壓制。經歷了創傷的人，他會體驗到一種情緒很大的發作。比方說驚恐、焦慮、憤怒、脆弱、絕望，這樣的情感突然襲來的時候，會淹沒我們的心智。

這時候，我們還是想持續地維持一種連續感，怎麼辦？我們可能會在創傷所帶來的傷口周圍打個「麻藥」，就不再感受與之相關的情緒了。如果這樣做，在創傷後的急性期，這個人好像功能恢復起來還蠻快的。但是正是因為他打了這樣的「麻藥」，這個地方的「血液循環」可能受到了影響。這種無情可能帶來很深遠的負面影響：在這個創傷的周圍就形成了一環、二環、三環、四環的封鎖線。慢慢地，不能感受自己的情感，不允許體驗自己的情感，這個環就越來越大。這樣一來，他生命的火焰其實慢慢地就黯淡下來了。

回到一開始說的「人非草木」。的確，人可說是有情眾生裡非常重要的一類，有情的確是我們的特點。我們要認可自己作為一種情感的動物，甚至要優先於認可我們作為一種理智的動物。

我們很多時候的理智作為，其實受著你所沒有察覺到的情感影響。一般來說，一個人日常狀態下很難發現這樣的影響。但是像我這樣天天與人的這一部分打交道的，對於這樣的影響，認識得實在太多了。所以，我們要有一種「我要做一個有情的人，我要使前面所講的這些情緒都能夠充分地發展」的狀態。其實，當情緒都充分發展的時候，它自然就是一種均衡的流動的狀態。

我之前總是提到蘇東坡，你看蘇東坡這個人，其實他各種情感都非常豐富、細膩，但是整體上又很均衡。他沒有要「存天理，滅人欲」，他也並不是縱欲的浪蕩公子的形象。他的人生可以說非常豐富，享受了很多。他是我所界定的「自在的典型」。所以我在講無情的時候，要再提一提這樣一個格外有趣的有情人。

09

在情緒中活得自在

#1 如果因為情緒或壓抑情緒而不自在，出路不在於隔離，而在於轉化和整合。

#2 先轉化——去接觸情緒，並且確認自己的情緒，明白哪些情緒是「屬於」自己的。

#3 再整合——情緒會穿越我們，讓我們有所體驗，但是，情緒本身也是自由來去的，並不真正地屬於我們。我們既不被情緒所定義，也不是情緒能定義的。

#4 我們為情緒負責的同時，不必強硬追求做情緒的主人。

這一節是對整個情緒部分的總結，也是對如何在情緒中獲得自在的一個導論。

我相信大家看到這裡，對於情緒是怎麼一回事、情緒有什麼作用、什麼是原始情緒、什麼是次級情緒、什麼是工具性情緒，都有一些印象了。那如何在這些情緒當中獲得自在呢？我有一些來自臨床諮詢方面的建議和思路。

我的一個來訪者，他每次做夢都是灰色的。這倒不是說我們大家一定要做彩色的夢，其實很多人的夢也是沒有顏色的。但是他的夢在心境層面是一種灰濛濛的。除了這些夢之外，這位來訪者在日常生活當中的很多方面，包括他的情緒都是很不錯的。但是由於反覆地做這樣一種夢，就讓他隱隱地覺得可能事情不全是這麼回事。

有一部分他所不知道的自己，透過夢的方式來向他展現、傳遞。其實這個人有很多的悲傷、孤獨感。這種悲傷和孤獨感並非來自他當前的生活，而是來自他的早年生活。由於從來沒有被接觸，沒有被充分認可，所以這部分沒有整合到整體人格當中去。

在一個相當長的諮詢過程當中，這一部分慢慢地就呈現出來。這個人會感受到自己的確有很多悲傷。大家可以想像，一個生活當中方方面面都不錯的人，讓他體驗自己的悲傷並不是一件容易的事情。更何況考慮社會文化的因素，最好還是不要體驗負面情緒。

我的另外一位來訪者夢見一個地下室裡放滿了瓦斯桶。你們可以體會一下，一個地下室裡放了這麼多瓦斯桶，不管你是在地下室裡頭，還是你住在地下室上面，你覺得瘆不瘆得慌？怕不怕？其實，這就是夢在當事人的晚間生活裡努力地傳遞出這樣的訊息：「嘿！你是有憤怒的，你憤怒的量很多！」你看滿滿一個地下室的瓦斯桶，如果它們爆炸的話，可能地上所有的部分都沒有了。

你可以想像，這樣的兩位來訪者，一個在日常生活中很少去體驗悲傷和孤獨感。另外一個會想方設法地不讓自己體驗任何的憤怒。這其實限制了他們作為一個人的生動性。

對於情緒，我們首先做的就是淨化、隔離、放棄的工作。在早年間，我們的心智不成熟，所以可能沒有辦法處理、整合這麼多的悲傷和憤怒。我們把這些情緒封存起來了，隔離開了，放到了一個「保險箱」裡，放到一個「安全島」裡，或者放到一個「無人區」裡。這種做法儘管並非完美，但它的確幫助很多人在自己還比較脆弱的時代克服了很多人生當中的難過時刻。

但是這一部分還是會在夢中呈現出來，這的確為當事人帶來一定的煩惱。你要偶爾做一個灰色的夢，那倒也沒有關係。可這樣的夢，像陰天一樣的夢，一而再、再而三地做，我相信大家都會認為這是一個訊號，而不是雜訊。這個夢一定會引起人的注意，這種注意會使得人比較掛心，掛心才有可能去探索。

你們可以看一看自己做過什麼樣的夢，尤其是那些不斷重複做的夢，比方說從高處墜落、飛翔、考試，尤其是大考。這種不斷做著的夢裡頭，一定有密度很高的情緒。這些情緒的出路在哪裡？出路就在於轉化。**要轉化情緒，首先我們要接觸到情緒**。

如果你做一個夢，但是這個夢讓你不悅，你可能會動員我們前面所提到過的壓抑機制，讓這個夢剛做完就忘到九霄雲外了。與夢有關的情感，伴隨著這個夢的遺忘，看起來像是消散了。

如果你能夠記得這個夢，說明你對於這個夢當中的情感是有一種點對點的接觸的。自己應該怎樣去做呢？其實可以有更多的接觸。在一種比較好的、不受打擾的、安靜的、心情相對舒緩放鬆的情況下，你可以好好地走近乃至走進這樣的一個夢。

你可以好好體會一下：當我想到這個夢的時候，有什麼樣的感受？當我回憶這個夢當中的某些情節的時候，它勾連起了哪些感受？這種感受讓我的身體有怎樣的變化？這時候，經由這種接觸而不斷地進行確認。

其實在我們的臨床工作當中，無非就是幫助人不斷地進行確認：你感覺到悲傷，那你能不能說說這是一種怎樣的悲傷呢？你悲傷的時候，你的身體會有什麼樣的感覺？會出現怎樣的畫面？腦子當中浮想起什麼樣的語句？這些問題其實都是在幫助來訪者不斷地確認複雜的情緒。

當確認到一定程度，來訪者就會知道，這種情緒並不僅僅屬於夢或者屬於他人，其實更多是屬於自己的。這時候，情緒就被整合到「我」的裡頭了。

一個東西在外面煩惱你，當然不會讓你自在。但如果你非常確定一個東西是你的一部分，像你自己的胳膊或腿，那還會使你覺得難過、煩惱嗎？一些人被自己的影子嚇倒，那是由於他不知道這個影子是屬於自己的，而不屬於別人。所以，諸種轉化無非是使得一個人能夠認可：這也是我，那也是我。這個情緒是我，那個情緒也是我。哪怕情緒和情緒之間存在著不一致和矛盾，我擁有複雜的情緒，這個矛盾也是我的。說到這兒，其實就要達到一種比較高層的整合了。

整合不一定是要整成某種具體的樣子或實體，就像是把麵粉揉成麵團一樣。這天上的雲，如同我們的情緒一樣，當我們體會認識到它屬於天空，它其實就是自在的。你不會因為某朵雲屬於它自己而煩惱不已。當你走進一片樹林，可以看到很多樹是不一樣的。這個樹林也不屬於你，當你在裡面走，你就會看到不同的景色。即使同一棵樹，你圍著它轉一圈，也會看到不同的東西。

情緒也是這樣的。它們就像天上的雲、林中的樹一樣，它其實不是我們個人的所有物，它們不是屬於自我的，而是它們本身自發自在的。

我在這裡格外說得誇張一點，是因為如果把這個道理想通了，的確能省好多事。這個憤怒是你的嗎？你能不能從現在開始憤怒到死呢？不能。你會發現你捉不住它，它會來來去去。

開心的時候也是這樣，「我好開心，我要讓世界知道我這麼開心，我要永遠開心」。當你這樣的時候，你是在試圖把這種情緒納入自我的領地，這其實徒增煩惱。

我們此前談到苦的時候就已經說過，我們的苦就是沒有得到的時候，有想要之苦；得到的時候，有害怕失去之苦；失去之後，有思念之苦。如果你非要認可這個喜一定是自己的，那你其實就在苦當中不能自拔了。

我們在前期整合的時候，看起來把各種情緒都連結到自我，我有這我有那，我有這和那的不同；而在最後的整合階段，至少在形式上好像又發生了一個逆轉，這不是我，那也不是我。

這些情緒都可以穿越我。當我被「喜」穿越的時候，我體驗到喜；當我被「怒」穿越的時候，我體驗到怒；當我被「懼」穿越的時候，我感到害怕；當我被「嫉」穿越的時候，我妒火中燒；當我被「望」穿越的時候，思念好痛好痛；當我被「無情」穿越的時候，此刻真的好像沒有什麼感受。但這些東西來來去去，我們既不會永遠地「喜」，也不會永遠地「怒」。

我們要意識到，**對於情緒，我們需要對它負責，需要整合它，同時又不必做它的主人。你妄想做它的主人，結果反倒成了它的奴隸。**

你可能擁有一個很大很大的自我，但如果這個自我處於奴隸的位置，你沒有辦法獲得自在。自在，終究是一件值得追求的事情。

專欄

日常訓練法⑤

1. 觀察體會雲朵的變化，白雲和烏雲都可以。

日期	觀察雲之前的感受	觀察雲之後的感受

2. 建立自己的情緒筆記。當感覺到哀傷並且產生一些「自己不夠好」的想法時，記錄自己的心理感受。

日期	發生了什麼讓我哀傷的事情	我的心理感受

3. 覺察自己的嫉妒和羨慕。

目標人物	我的感情是羨慕還是嫉妒	這個人的什麼事情或者條件引發了我的情緒	備註

4. 找一個合適的時間，邀請家庭成員進行家庭展望會議。

家庭成員	對自己的展望	對家庭的展望
自己		

伴侶		
孩子		

5.分析自己記得比較清晰的一個夢。當你想到這個夢的時候，你有什麼樣的感受？當你回憶這個夢當中的某些情節的時候，它勾連起了哪些感受？這種感受讓你的身體有怎樣的變化？

夢的內容	
想到這個夢，我有哪些感受	
哪些情節給我帶來特殊的感受	
描述這種特殊的感受	
這種感受讓我的身體有怎樣的變化	

第六章

六欲與自在

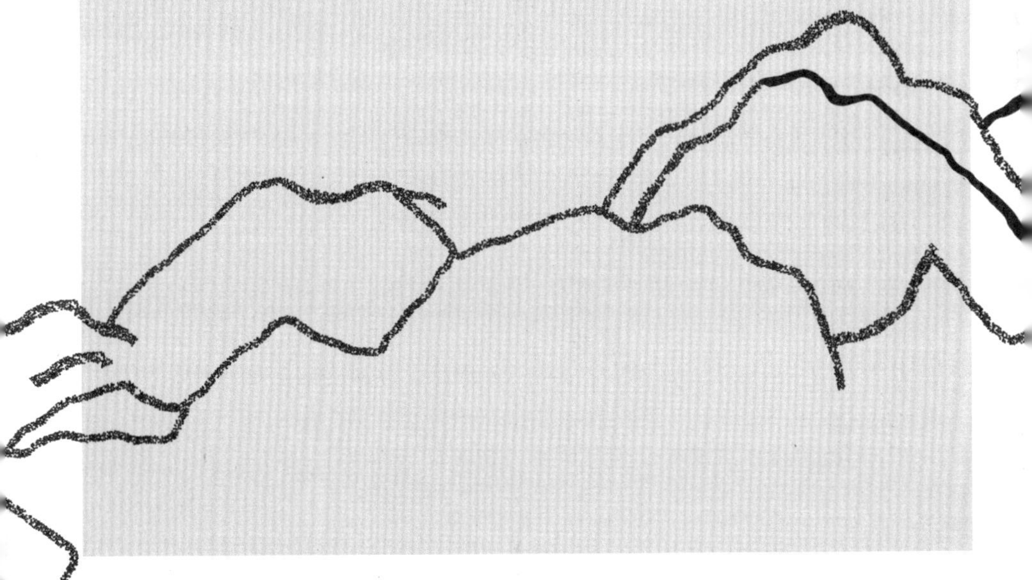

01

欲望推動著我們

#1 我們產生情緒，背後一定有欲望的動力。
#2 當內在產生衝突時，內心是存在著兩種相互對抗的欲望的。
#3 欲望是一種生命力、一種生命的能量，同時也可能使我們受折磨。
#4 我們可以保有欲望，同時不縱欲，讓欲望自然而然地來去，成為生活中的推動力。

講完了情的部分，我們接下來走進欲的環節。

情跟欲總是在一起的，它們之間有什麼樣的關係？有情的地方必有欲。它們兩個可以說一個是動能，一個是位能，是密不可分的。一般來說，當我們的欲望被滿足的時候，就會產生積極的情緒；

當我們的欲望得不到滿足的時候，就會產生消極的情緒。我們只要產生情緒，背後就一定有欲望的動力。

我希望大家都是有情的人，尤其是當我們講了情的部分之後，你們應該知道，哪怕連無情，其實也是一種情。我們人不光是情緒的動物，也是欲望的動物。

我們要認清欲望的真相，要有一個理智上的認清。理智上的認清不是很難，但是當我們在生命中真實地親自處理欲望的真相時，這跟理智上的認清是大不同的。

我們其實不想知道欲望的真相。因為一旦對它的真相有稍稍的瞭解，我們就容易知道自己並非自己的主人。而且我們內心並不是一塊鐵板，不是你想像中的那種完整的主體。

每當你內心產生衝突的時候，肯定存在著一對相互對抗的欲望，比方說，對於這本書，可能是想看又不想看。當你體驗到衝突的時候，那很自然地，衝突的兩側一定有一對欲望。

欲望是如此無所不在，我們的生命可以說是被欲望所推動、支配的。就像我們此前所談到的三種苦，當你沒有某物的時候，你會想要，這就是一種欲望。當你擁有之後，你希望它跟你是一體的，它永遠屬於你，你永遠與它連結，這不也是一種欲望嗎？當失去之後，你又非常懷念，你希望能重新得到，其實還是欲望。

我們經常會把愛和欲放在一起。關於人有多愛對方這件事情，我們以最簡單的，也是大家最樂意瞭解的愛情為例去講述。很多過來人都知道，自己愛的究竟是不是對方，其實是不一定的。有時候是愛「自己在這種情況下的狀態」。我這樣的狀態有什麼好的呢？這樣的狀態有很大的動能，它會讓人感覺到自己是活著的。

你會發現，有些人每段戀愛之間沒有任何的空窗期。「空窗期」的說法是我從來訪者那裡聽來的。他彷彿在離開這艘船之前一定要抓緊另外一艘船。這就像是一件生死攸關的事情，欲望的火焰一定不能熄滅！他要在這裡點著，等這裡差不多的時候要馬上為它續火。

其實**人很多時候，都是愛著自己的欲望**。為什麼我們很難在無聊當中待著呢？因為無聊的時候你感覺自己沒有欲望。當沒有欲望的時候，你感覺自己的內在是一種死寂的狀態，誰會喜歡死寂的狀態呢？

你別看有些人在朋友圈裡寫，參加了一個什麼禪修營閉關，回來之後感覺心裡好明亮，一點雜念都沒有。他這只是偶爾嘗一口罷了。如果你告訴他這條路最終將通向沒有欲望的地方，估計很多人都被嚇死了——「天哪，我愛吃的肉還沒有吃，想見的人還沒有見」。

我們之所以活著，其實就是欲望的火焰在不斷燃燒。每一個火焰燃燒的瞬間，其實就是這個火焰下一個燃燒的瞬間的重要緣起。其實這個不難理解，如果你點燃一支蠟燭，在沒風的情況下，只要點一下，接下來就不用你再點了。我們人生有些時候做出一些舉動，比方說戀愛、旅遊，甚至與人爭執，其實就是把自己這個蠟燭給點燃了。把蠟燭點燃，的確使得生命的一部分轉化為光亮，照亮人生。所以，欲望其實可以產生智慧。如果你這個火焰是在亮著的，那你可以拿著這支蠟燭去看一看牆上有什麼壁畫[15]。

欲望其實可以轉化為智慧，要不然我們為什麼都需要保持一定的欲望呢?連求知欲也是一種欲望，欲望使我們活著，或者使我們有一種活著的感覺。

我剛剛說的似乎都是欲望的積極面：它是一種生命力、一種生命的能量。它的消極面其實也是很多的。很多人被自己的欲望所折磨。他們可能在日常生活當中還是處於比較正常的狀態，但是他可能內心裡受著煎熬。

有一個佛教徒的來訪者，他非常難為情地告訴我，他電腦裡既有一些色情方面的影片，又有一些佛經。這讓他覺得非常不安，所以他只好把這些東西放到兩個硬碟裡，但放在兩個硬碟裡後還是不安。他其實被自己這樣一種非常衝突的欲望折磨得很痛苦。

雖然這是一個比較特殊的例子，但是很多人內心其實都會有類似的折磨。我們的確不能像動物

15 牆上的壁畫：這裡是一個比喻。在我們看不清的潛意識裡，我們可以借著「欲望的光」，來看看潛意識給我們展現了什麼。

一樣。我們一方面要成為人，另一方面需要保持一定的動物天性。如果沒有一些動物基本的欲望的話，那人類也要完蛋。所以在各種文化當中，其實都做了一些頂層設計[16]：如何讓欲望既不是那種爆炸式的燃燒，也不是枯木死灰。

我們自己的思想源頭裡，比如儒家，其實是允許人有正常欲望的。比方說食欲、性欲，包括一些追求權力、自我實現的欲望。這些在儒家裡都有合理的位置。

《易經》是儒家跟道家的共同的經典。哪怕你不是很懂，但能通讀一遍，你一定會有所收穫。其中很多地方會提醒你不能太過，所以發展出一些「禮」來控制欲望。其實這一套「禮」的系統仍然存在於我們的生活裡。

我有一位來訪者，她好幾年時間都不談任何與性相關的話題。但她有一次談到了對一個單位的同事有一些好感，我想我終於有機會可以澄清這一部分了。我就問她：「你對這位男士有沒有一些好感？或者一些戀愛方面的想法？」我的來訪者突然面色大變，告訴我：「那怎麼行，不守婦道！」其實這個「婦道」的部分來自儒家，但在來訪者這裡已經很僵化了。

在道家，對欲望的態度就是自然的。道家以及後來的道教，提倡自然而然。所以它沒有非常強調禮教，但是也不主張縱欲。道家思想認為，你如果有欲，你就用；如果你沒有，你不要妄動。還透過一系列的修煉，使得你的欲望體系不枯竭。這樣一來你的生命能量就會源源不斷。

道家這一部分思想，與儒家的其實是不一樣的。而原本來自印度，後來進入中土的佛教，它對於欲望的態度是比較複雜的。在最根本的層面上，佛教當然承認欲望是苦的來源。但是對於如何祛除這苦的來源，佛教的不同分支有不同的理解。在一些分支當中，非常強調禁欲的重要性，尤其是對於出家修行的人。而有一些相對而言較晚的分支，也整合了一些其他的思想。它對於欲望有一種要面對、要整合的態度。比方說非常重要的就是性欲和攻擊欲。這兩部分欲望儘管會帶來很多的煩惱、不自在，但是它們的本質其實是生命的能量。

為了使生命的能量能夠均衡，在這些教派裡，其實也主張整合性欲和攻擊欲。這跟精神分析以及分析心理學的體系比較相應。總體而言，精神分析對欲望並沒有過分禁止的態度。佛洛伊德自己也說，一個人健康的標誌就是又能夠愛又能夠工作。從這個意義上來說，愛跟工作其實都是需要一些欲望來推動的。**欲望推動著我們的人生，我們的人生軌跡，其實就是我們欲望體系的一個展現。**

16 編註：Top-down design，一譯「自上而下設計」，著重從根源、全局或整體概念上，進行設計或解決問題。

02 食欲：我們與世界最初的關係

#1 食欲是最為基礎的欲望。

#2 在精神分析理論中，口欲期對我們的人格奠基有很重要的作用，我們對母親乳房、乳汁的依賴能解釋我們成人後的一些依賴行為。

#3 用正念的方式吃，有利於我們理解自己與食欲之間的關係。

食欲是我最愛談的一種欲望，我把它放在第一位。俗話說「民以食為天」，這個天都塌了，還怎麼了得？每天開門七件事——柴、米、油、鹽、醬、醋、茶，這都與吃有關。什麼時候看到缸中有米，這日子也就踏實了。

我們之所以能夠生存下來，吃的確是太重要了。當然，性也很重要，但是跟吃相比，不管怎樣都要放到吃的後頭了。即使在生活當中，我們也會用吃來做很多動詞的替代品，比如下棋也叫「吃子」，形容某些人比較貪婪，會說「吃相難看」，好像吃就是我們與宇宙、世界、自然的關係。在精神分析的理論體系裡頭，也把與吃有關的口欲期放到了最早期，也是最基礎的地位。

我當然不能假定大家都讀了一些有關精神分析方面的書，所以在這裡就稍稍展開一下。把口欲期這個道理說清楚，有利於我們理解日常生活當中的很多現象。

你有沒有發現，日常生活當中，有些人對某些物、人或者一些抽象的東西的依賴非常強韌、非常堅定。他就像嬰兒，要咬著一個奶嘴。你不管是什麼時候給他拔掉，哪怕是睡夢中拔掉，他一定會崩潰大哭。

這樣的一種依賴，有點像我們在嬰兒時期對於母親乳房的依賴。在這個時期，我們跟母親之間的哺乳連結代替了在子宮內臍帶的連結，而這種連結又要努力保證嬰兒處於一種內在非常穩定的狀態。那就是該有的營養都有，該排出的廢物都排出了。這其實就是我們一開始對母親乳房的態度。

這個階段的官方術語叫作口欲期依賴。我們對於生活當中的很多事情具有類似的態度。我們緊咬著某些東西不放，當然這個「咬」是一種比較隱喻的說法。這個時期，我們對於所依賴的對象的態度是：你是好的，所以我需要你。就像是一段關係中的兩個人一樣，你是好的，我需要「吸」你。你不只是可以「吸貓」，在這兒也可以「吸人」。

當嬰兒長出牙之後，就不是純粹的口欲期依賴了。古語有云，「蚓無爪牙之利」。爪牙對於很多動物而言是一種武器，我們人其實也有這樣的武器，但是我們的武器不厲害。對於一個嬰兒而言，他的牙齒真的是一件派得上用場的東西。做過媽媽的人都知道，有些時候孩子咬自己，他好像不是為了確認乳房在不在，而真的是有點洩恨的感覺。如果他感覺糟，那麼透過咬你，他的這種壞的感覺就會神奇地排到你這邊。

這種對待世界的態度就是一種施虐。當然這是術語，不用一聽施虐馬上就想成一些吊打的畫面。沒有那麼嚴重，這只是我們對於外在世界的一種態度。

我們會看到，有時候一對熱戀當中的男女，他們對對方的態度在依賴和施虐之間非常快速地切換。對方時而是好的食物，時而是壞的食物。理解這些人際關係其實都是從食欲開始的，從我們的口欲開始。

我們一開始跟世界打交道的方式就是透過口唇。一開始我們世界的全部，其實也就是口唇所能夠達到的地方。這一部分，它構成了我們人格的核心。所以提倡母乳餵養，的確是一件重要的事情。從生理學的角度而言，乳汁的確是包含了必要的東西。在餵養的時候，母親的態度都伴隨著這很好的乳汁，流到孩子的身體，也流到孩子的心裡去了。這個階段叫作口欲期，口欲期對於精神病理的解析有著非常基礎性的作用。

早年經歷就是我們對食物的關係。一些人在這個階段有問題，於是他在人格當中就會有很多的口欲期依賴，甚至達到一種非常誇張的程度，就是「我要把你吞掉」。有時候小倆口吵架，其中有一方會有這樣的感覺：你這是要吃了我嗎？

這些人的人格當中有這樣的特點之後，他就有「吞」的特質。不一定是吞飯，他不一定是非常貪吃，但他可能會囤貨在家裡。反正天天買東西，把這些東西買回來，哪怕不用，只要把它象徵性地放到嘴裡咬著，安全感就來了。有些人囤錢，有些人囤別人的讚美，這些其實都是一種口欲，是把某些東西作為重要的食物，有不斷地將之吞掉的願望。

有些人天天講別人壞話，好像透過嘴能夠毀掉某些東西。這其實就是我剛剛所講的口欲期施虐在人格當中的展現。

我們的人格和吃這件事情有莫大的關係，尤其是對於中國人來說。中國有一種吃的文化，外國朋友到了中國可能會覺得大開眼界，比如有些地方，從村東頭到村西頭，某種東西的做法就不一樣，甚至一條街上的都不一樣。

我們好像把世界的美充分地體現在食物上，食物的色香味，一定要上佳。當我們吃的時候，宇宙萬物、天地精華都透過食物進到我們的身心。這其實就是一種自我療癒。吃不僅是攝取了一些營養，有些時候可能吃進來的也不是營養，它其實還代表著從外界攝取了某些東西，進到了一個空虛的身體裡。

有一類來訪者會說：「當我難受的時候特空虛，特空虛的時候，我就特別想大吃一頓。當這些東西吃到我身體裡的時候，我就感覺自己被慢慢地填滿了。就好像一個泄了氣的東西重新充了氣，能夠站起來了。」我們對於食物的態度，就透過這種自我療癒的行為表現出來了。在正常情況下，很多人其實都會透過食物來自我療癒。有些含糖量很高的食物，為什麼吃了之後讓我們感覺舒服一點呢？好像穩定了血糖濃度，我們感覺某一種威脅生命的危險暫時沒有了。

但這種依賴達到病理性的時候，它可能會發展成暴食症。我簡單提示各位，這可能是一種精神心理的障礙，而且它會帶來一些後果，所以要留心。

當我們對這個世界的態度變成厭棄的時候，我們就不敢從中攝取任何東西了。這時候，我們不光對食物失去了興趣，好像對整個世界都產生了一種厭煩的、排斥的感覺。我們不光不想吃食物，也不想「吃」人際關係，也不想「吃」新的思想。這時候，我們對這個世界就有一種拒絕的感覺。其實這種拒絕的感覺，也是來自我們食欲當中非常早期而深刻的部分。可以說，吃包含了我們人格的很多「遺跡」，很多活化石般的東西。也正因為這樣，我們可以利用吃這件事情來改善我們自己。

有一種減壓的方法叫作正念減壓。正念減壓通常有一個訓練叫作葡萄乾正念。這聽起來蠻奇怪的。其實就是非常充分、帶有高度覺知地去吃一顆葡萄乾。大家不用特別介意我是不是一定要吃葡萄乾，葡萄乾應該吃白的、黃的還是綠的，這些倒是次要的。這個訓練其實就是告訴你，當你在吃的時候，你要好好地、非常有覺知地體會你吃的這個過程。這個過程有很多好處和方便，由於我們大家都願意吃，每天都要吃，所以對吃的觀察很容易找到對象。

一些人會吃得狼吞虎嚥，這其實不是他本人的食欲在發揮作用。很多時候，這是一種童年期父母的要求：「你必須快！要吃得快！」這樣的欲望在隔著時空發揮作用。他本人吃得雖然快，但是沒有好好品嘗，當他學會正念吃的時候，才知道生活的美味。

其實可以利用吃葡萄乾這件事情，建立起對吃的一種覺知。**深刻瞭解我們的食欲和我們食欲被滿足的過程中的身心反應，其實有利於理解我們對這個世界的態度。因為這個世界一開始跟我們的關係，就是吃與被吃的關係。**

03

性欲：欲望背後的剩餘價值

#1 性欲有很強的生物學屬性，跟我們的繁衍密切相關。

#2 性欲有心理層面的屬性，女性一般容易在性欲中收穫融合的快樂，而男性一般容易在性欲中釋放攻擊性甚至支配欲。融合感和毀滅感都伴隨著自我感的短暫消失。

#3 性欲也有社會層面的屬性，宣揚欲望的釋放有利於促進人們消費，使社會總資本增加。

#4 如果是單純地使一種欲望充分張揚，會容易帶來不平衡和衝突，使人不自在。

談到性，性欲的部分可實在是太重要了。人類是有性生殖的產物。有性生殖，從非常簡單的酵母就已經開始了。從像酵母一般的祖宗到你，這中間關於性的環節只要斷上半環，你就不存在了。所以在生命之鏈中，如果誰想忽略或者否認性欲，其實是很荒唐的一件事情。

首先，性欲有很強的生物學的屬性。性欲，一定是與肉身相關。在肉身裡頭，運行著我們的荷爾蒙系統。我們的荷爾蒙會在我們人生的某個階段開啟性欲的篇章。

以前趙忠祥老師解說的《動物世界》[17]提到「又到了大地回春、萬物交配的季節」。很多哺乳動物是有發情期的。與哺乳動物不一樣，人沒有發情期，人一年三百六十五天都可以當發情期。所有節日，中國的節日、西洋的節日，除了清明，都可以跟性掛上鉤。人類的性欲幾乎是無窮無盡的，而且還有柯立芝效應[18]。柯立芝效應是怎麼回事？男同胞們可能都知道，不知道的話可以自己查一下。好像上天在「設計」人的時候，給性欲的部分留下巨大的空間可供操作。這是怎麼一回事呢？

我想，這應該還是與人類的繁衍密切相關。人類不可能像其他哺乳動物一樣，一胎可能有四隻小貓、十隻豬崽，人類生個四胞胎就不得了了，一般只能一個一個生，而且人的妊娠期很長。按照

17 編註：中國央視電視節目，透過自然紀錄片介紹野生動物的相關知識與觀察，由中國知名主播趙忠祥長期擔任旁白配音員。

18 編註：Coolidge effect，指雄性動物對於新出現的異性，有較高的交配意願。

生態學的理論，我們要維持足夠的種群密度。如果一年只有一個發情期，或者是自發形成一夫一妻的結構，種群估計要完蛋。當然了，這是指生物層面，大家不要把這個意思聽歪了。

我們應該會覺得，在性當中的男女雙方看重的都是與美有關的屬性。可是，美裡頭實在是太有生物學的意味了。你儘管有這樣的欲望，你也知道如何行使這樣的欲望，可是你不太能夠想清楚欲望背後的演算法。

女性的腰臀比是一件與美有關的事情，可是它也與生殖力掛鉤。對於男性而言也有很多指標，這些指標還並不僅僅是體格方面的。

有一個詞來自進化心理學，叫作親代投資。一個女性不光要看對方基因怎樣，還要看對方願意在基因上投資多少，所以要反覆試驗對方是否可靠。如果他只是配合生下了孩子，而這個孩子沒有被成功地養到性成熟期，那這家的基因就不會再增加新的拷貝數了。這一期的生殖其實是「無效」的。在我們性的欲望背後彷彿有很多「天的想法」，這使得在性欲當中的人感覺有些時候身不由己。身不由己的背後有演算法。

其次是心理層面。對於性欲的心理學，精神分析流派知道的實在是太多了。相比較其他的流派而言，精神分析的臨床可以說「又黃又暴力」。很少有學派對於性的討論，可以像精神分析學派這般大膽、深入、徹底、細緻。我們臨床當中經常會聽到與性、性欲、性幻想、性行為、性關係有關的話題。

從心理動力學的層面來看性的話，它的內容極其豐富。你會發現有些人在性欲的達成當中獲得的是一種融合的快樂。一般而言，女性有此種快樂居多。而男性，他們的性欲背後可能是一種攻擊性，或者說得難聽一點，可能是一種支配欲、掌控感。當然，在比較極端的情形下，它可以是極具施虐性的，乃至導向毀滅的。

無論是融合感還是毀滅感，其實都伴隨著自我感的短暫消失。為什麼在一場性愛過後人會感到放鬆？因為在性高潮階段，這個自我就不存在了。在性之外的空間裡，你想方設法地維持你的自我；在性當中無論是融合還是毀滅，你想暫時幹掉你的自我。

這也是與一種更大的狀態連結。這種更大的狀態其實屬於自在體系的一部分。在這個時候，人達到一種與某種更大的純粹體驗連結的狀態，這其實是一種自在狀態。當然了，很多人覺得性只是性，他不會想到這一點。

但是我們在臨床上反覆地聽，就會發現，原來在這個性裡頭追求的是一種剩餘價值。除了性快樂之外，它有剩餘價值。透過純粹的自慰，男性跟女性都能夠達到性高潮。我們為什麼要和另外一個人一起做愛？這其實也是一種非常原始的與人合作的方式。很多人在性行為上出問題，其實也反映出他在合作這件事情上有障礙，可見性欲背後有很多除了性之外的東西。

在有些人的性幻想裡，對方只是某種欲望的即刻滿足，他不必是一個人。儘管是跟一個人在做愛，但是對方最好是一件很高級的、有溫度的玩具。這種情況，從精神分析的客體關係理論來看，是處於部分客體的時期。

有些人能夠在性行為當中體驗到自己與另外一個人的一種非常深刻的連結感。這種情況下，其實是與一個完整的客體在連結。通常人在親密關係當中，比較容易有一種與完整客體的連結感。

但是，很多人其實在完整客體的連結裡體驗到另一層的焦慮。這說起來有點複雜，可能存在著一些亂倫焦慮。亂倫焦慮說得直白一點，就是男性會在無意識層面覺得自己的性愛對象其實就是母親。對於女性而言，則是父親。所以他們儘管享受親密，但這個親密不是情侶之間的親密，是一種親子間的親密。到了性這個階段，一下子就卡在性欲上了。這將會喚起非常強的焦慮。

這也會導致一些人在婚姻裡沒有辦法享受性。而在婚姻外的性關係裡，也就是俗稱的出軌裡，對應的那種部分客體才能使他享受性高潮。這種情況我們在臨床上是屢見不鮮的。

說到心理層面，很自然地就會提到社會層面。你考察整個人類史，你會發現在不同的階段、不同的時期、不同的民族、不同的區域，對於性的態度非常不一樣。

但是在近兩百年，全球對於性欲都存在著一種解放、肯定、張揚、實現的態度。從人類史的角度而言，這來自古希臘。從比較近代的角度而言，它來自資本主義的身體觀、關係觀乃至性欲觀。

只有把每個人的性欲都解放出來，人才會不斷地追求自身在性當中獲得的快樂，對不對？

他要獲得快樂，必須生產和消費。一生產和消費，社會總的資本將增加。所以在上層建築層面，必須去除前資本主義社會在性以及個人享受性欲上的種種障礙。

很多廣告有很豐富的性暗示，比如杜蕾斯的廣告。即使一些酒、房產、汽車、衣服等廣告詞的字裡行間也都在告訴你：性是好的，請盡情地實現你的欲望吧！

這使得人類的性方面的潛能得到了前所未有的張揚。這帶來另外一個問題是：究竟是人「實現」了欲望，還是欲望「實現」了人？後者甚至可以說欲望「使用」了人。

其實有些人在性上完全沒有任何障礙，可是他卻會有一種巨大的不滿足、不自在、空虛的感覺。這是由於他並沒有真正地「欲望」著欲望，他只是「被欲望」著。這聽起來有點拗口。

正像要把不同形式的情整合在一起一樣，欲其實是同樣的道理。單純地使一種欲望充分張揚，無論是食欲、性欲，還是權力欲，其實都會帶來體系的不平衡。體系的不平衡自然會帶來衝突。衝突將使人不得自在。

所以對於欲望，它的解決之道其實也是：成為欲望的主人，並且使欲望的體系整合、平衡。這在性方面格外重要。

04

權力欲：人際關係中的融合與鬥爭

#1 我們可能會借由疾病而獲取權力。
#2 權力跟我們的安全感、歸屬感相關聯，所以會有個人放權來成就集體的現象。
#3 一個團體中看起來沒有權力、虛弱的人也很可能是最有權力的人。
#4 我們想不被權力欲所控制，需要覺察哪些權力欲是被塑造的。對自己的欲望多一分瞭解，也就向自在狀態更近一步。

說完了性欲，我們來說一說權力欲。

權力可以是狹義的、看得見的，比如我們日常所說的「誰手上有權」。它也可以是一種廣義上的權力，從廣義上而言，我們人人都有權力。在權力裡其實縈繞著非常多的主題。

你所能夠看到的親子關係，其實不完全是一種溫情的關係。親子關係裡有非常多的權力爭奪。為什麼在青春期的時候，一些乖乖牌都會變成看起來要毀了、要完了的一代？這其實是開始了一場權力的拔河。所以說親子關係，究其一生都伴隨著權力的鬥爭。

伴侶關係乃至婚姻關係，可以說從一開始到入土，都伴隨著權力鬥爭。可能在熱戀階段沒有這種感覺，這個時候融合感、連結的欲望占據了主要的地位。從熱戀到婚姻過程當中，可能就不光是兩個人的權力鬥爭，有時候兩個家族都會進行權力鬥爭。

我聽過這樣的例子。在宴客當天，娘家人跟婆家人動手打架了。你想想，這婚姻是一個什麼樣的戲劇化開端呢？家庭中，無論是縱的親子關係、橫的婚姻關係，還是一個小家庭與一個家族之間，其實都充滿了權力的鬥爭，其背後充滿了追求權力的欲望。

權力的欲望實在是太重要了，它與一個人最基本的生活方面的需要相關聯：依附、自我效能感，乃至於最高級的自我實現，可以說權力欲滲透在馬斯洛提出的人的需求層次[19]的每一層。

權力欲分布在我們生活的方方面面，它甚至也分布在我們內心的每一個部分。當我們內心衝突

19 馬斯洛提出的人的需求層次：人本主義心理學家亞伯拉罕．馬斯洛提出，人類的需求從基本到高級排列為生理需要、安全需要、社交需要、尊重需要、自我實現的需要。

起來的時候，其實是內心的不同部分在發生著權力鬥爭。這個權力的鬥爭可以由內在變到外界，也可以由外界的權力鬥爭影響到內在。但是在言語、社會的層面，我們傾向於不去談它。好像一個人想擁有權力的欲望是不正常的，或者是不應該拿到桌面上來談的。甚至覺得權力欲只屬於英雄，不屬於平民，或者只屬於正常人，不屬於心理有障礙的人。

我在這裡要跟大家談一個概念，叫作疾病的獲益。細說起來有原發的和繼發的獲益，但是原發的獲益我很難在這裡說清楚，繼發的獲益比較容易說清楚。

比如一個還在上學的孩子，他如果患有心理疾病，不管是真的還是裝的，對他而言，他在家庭當中的權重就會發生很大的變化。原來父母乃至於爺爺奶奶都對他有權力。但是當他生病之後，權力的雙方就對調了，變成孩子擁有權力。他就像是被他的症狀所加持一樣。整個家的重心都會向孩子這邊偏移。「我不想上學，我想要什麼，請給我什麼。」你會發現對於一個學齡期的、青春期的孩子，他有一條可以獲得權力的康莊大道。

很多家長在這方面非常困惑。為什麼會這樣呢？可能由於一開始這個權力就是不平衡的，父母太把自己當作主人，太重視父母的權力了。在任何時候跟孩子的一番唇槍舌劍，最後都以「我是你媽還是你是我媽？」「我是你爸還是你是我爸？」「有你這樣對你媽說話的嗎？」「有你這樣對爸爸說話的嗎？」這類話祭出撒手鐧。

我們深受儒家文化所影響的家庭教養方式，賦予了父母這樣的權力。擱在今天，你很難相信、很難想像在漫長的古代，父母對孩子有怎樣的權力。別的不說，你可以看看《紅樓夢》就知道了。《紅樓夢》中的賈政對於寶玉有打板子的權力。今天，由儒家文化所賦予父母的權力，很大程度上被削弱了，被來自西方的教育影響所削弱了。

對於中間這一代人而言，其實有一個鑽空子的機會。如果他想擁有權力的話，他可以聲稱是站在西方文化這一邊的——「我們要平等，你要尊重我」。當他要逃避義務的時候，他又會站到中國文化這邊——「這些都是父母的過錯」。有一些人真的是這樣想的。這種想法，儘管給他帶來虛假的權力感，但最終使自己虛弱，所以並不可取。不過，當他們自己逐漸進入中年，對這個世界上的種種權力的現象瞭解清楚之後，權力觀自然會發生轉變。

我在前文已經提過，我們的權力與太多的因素相關，比方說與前面所講的食欲和性欲就是有關的。在黑猩猩的群體當中，首領在食物和性對象上面擁有很大的權力。可見我們渴望權力，的確有很強的生物屬性。權力能夠保證我們的基因得到傳遞。接下來這個權力也有可能促使我們有一種安全的或者歸屬的需求。

這裡頭存在著某種悖論。有一些人會交出自己的權力，他為什麼要交出自己的權力？是為了要形成團體。要形成團體的話，大家都交出一部分權力，把權力集中在首領那裡。這樣的話，這個團體所能做的事情，彷彿我間接地透過與團體融合、認同，我也能做了，我就獲得了一種歸屬感。

這其實是人類社會很重要的現象，我們會交出某些權力，以便獲得另一種神奇的權力。其實在人形成家庭的過程當中，在親密關係裡，至少在形成親密關係的早期，雙方可能都是非常願意放權的：「這個卡歸你，這個也歸你，那個也歸你，我沒有任何祕密，我整個人都屬於你。你具有對我的權力。」

從這裡你就能夠看出在最小的團體——兩個人的伴侶關係上面，就存在著我剛剛所說的動力。所以這種「放權」能夠在更大的團體當中發揮作用，也就不奇怪了。我們要留意，一個人總是說「我這也不行，那也做不到」，你聽到之後可能會覺得「這個人好弱，這個人怎麼一點權力都沒有」。你要考慮，他有可能在底層擁有一種神奇的、透過融合來控制別人而獲得的權力。這種權力很巧妙的。有時候清官難斷家務事，難就難在這個家族體系當中，看起來最沒有權力的人，有時候擁有著最大的權力。

有很多例子在我腦子中飄來飄去，有些時候你看到一個家庭的受迫害者，會覺得非常可憐。但是如果你看到了真相，這個人說不定擁有最大的權力。有時候我們看一些媒體所報導的事情，其實只看到了其中一方面，我們會很容易歸因說一個人擁有的權力不夠，但是往往不是這樣的。

權力有明有暗。我們的權力欲，有時候以一種我們根本就不知道的方式，實現了它的目標。

父母對孩子擁有巨大的權力。但是他們應該要知道，這個權力只是某種來自「天」的權力在他們身上的實現。倘若他們真的認為「我生了你，就擁有控制你的權力」，到後來他們往往會被孩子反制。

一個家庭當中會有一些莫名其妙的情緒，也有一些來路不明的權力欲望。要把這些東西理清，真的是很不容易。從我剛剛舉的這些例子，大家就能知道，一個人看起來很有權力，但他可能最沒有權力。一個人可能對權力有非常強烈的欲望，可他壓根不知道自己其實是「被欲望」的對象。就像一隻魚鷹一樣，它不斷地去找魚捉魚，但是不知道它之所以這樣做，是由於有人專門飼養它去這樣做。

如何能夠成為自己權力欲望的主人呢?我們真的要好好捋一捋自己身上這些想擁有的權力，究竟哪些是導向自我實現，哪些純粹是導向別人的實現?想清楚這一部分很困難。就像廣告一樣，這個社會充滿了一些神祕、詭異乃至陰險的欲望的引誘。有時候，為了實現融合以便獲得一種虛假的權力感，我們甚至會交出對自己很重要的權力。

人的內心出現精神心理障礙，其實是一件好的事情。它會促使這個人思考自己的欲望體系，以便使自己重新做自己權力欲望的主人。他想擁有自己，這是一種非常高級的欲望。可以說很少有人能夠認識到它，能夠實現它的人就更少了。

05

連結欲：與人互動的基本需求

#1 人類這個大集體，是靠不斷地連結而得以發生的。與人連結不代表脆弱，而是一種能力。

#2 不僅是人類，即使是猴子這類動物，也不僅僅是有食欲等生存欲望，同樣也會有情感連結的欲望。

#3 我們與他人連結的原型，通常就是與自己母親連結。根據與母親早年的連結情況，會發展出安全型依附、迴避型依附、焦慮型依附和紊亂型依附。

#4 生活中的很多麻煩，究其根本其實是與人連結的麻煩，我們可以觀察一下自己對人際互動的態度。

自然界有兩種力量，它們正好形成一對：一種是使元素集合在一起的力量；另外一種是使這種集合物走向分散的力量。如果大家能夠回憶起初中化學的話，你們應該知道有化合反應和分解反應。其實化合反應就是一種連結的力量。當氫氣在空氣中燃燒，氫原子和空氣中的氧原子就會結合形成水。當然了，水也可以在電解的作用下重新分解成氫氣和氧氣。人類這個集體之所以形成，其實就是靠不斷地連結才得以發生。

我們的身體其實是一個不斷連結的過程。人之所以成為人，其實很大的一個因素就是，我們跟其他人有著各種各樣的關聯。如果一個人在生命的早期跟人連結不夠，他可能就沒有辦法發展出持續的與他人連結的能力。

與人連結其實並不代表一個人是弱小的或者不足的。恰恰與之相反，與人連結是一種能力。

談到連結，有廣義的連結。我們的食欲就是自身與食物連結，對不對？性欲是我們與另外一個人的身體連結。權力其實也是連結。在權力的系統當中，你就會有上線，有下線。當然了此處都是比喻的說法，這些上下線都會讓你感覺到自己處於某種連結當中。

在此處我們著重要談一談與人的情感連結。有一種人，看起來與別人沒有什麼情感連結。不知道大家瞭不瞭解自閉症譜系障礙，它的通俗說法就是自閉症。非常嚴重的自閉症有以下情形：對他人完全沒有反應，別人在他的世界裡跟一個移動的物體沒有區別。一個人非常富有意義的話語，在他聽起來可能跟噪音沒有區別。

在這種極端的情形下，他們看起來對他人沒有任何連結的欲望。有一些程度較為輕一點，其實他對於人還是有連結的欲望。但是他沒有辦法透過社會性學習，學到一種恰如其分的連結方式，比方說他會大吼大叫，或者突然上去拍別人。這種不恰當的連結行為通常在社交情境當中不會得到正向的強化，久而久之，他可能又不得不退到一個人的世界裡去了。所以在極端的病理性情形當中，你會看到一些人沒有連結的欲望。

在日常生活當中，如果一個人陷入憂鬱狀態中，你也會發現，他與周遭的人連結減少。在正常的心境到憂鬱心境的轉化過程當中，你會發現一個人的食欲、性欲和權力欲都減退了。他不再那麼喜歡吃自己平日吃的東西，他對於性愛、社交也沒有興趣，他可能把社群軟體也都關掉。他可能逐漸停止與外在世界交換能量。這個時候你會發現，在這些欲望逐漸弱化的背後，是一種與世界連結的欲望逐漸地消失。

我們要很慎重地看待連結欲，因為它的確是一種非常基礎的欲望。如果這個基礎性的欲望受到了阻礙，變得弱化乃至消失，就會出現各種各樣的病理性情形和情緒上的困擾。

我們與他人連結的原型就是與自己的母親連結，也有一些是替代的「母親」。心理學家做過一個實驗，哈洛的猴子實驗。有兩隻大猴子的模型，一隻是鐵絲做的，它有奶瓶；另外一隻沒有奶瓶，但是它是毛茸茸的，是一個母猴的樣子。小猴在飢餓的情況下，會選擇去鐵絲猴那裡吃一點奶，但是它稍稍吃一點之後，一定會到毛茸茸的猴子這裡求安慰。這體現的就是一種連結欲，可能比食欲還要更基礎的與母親連結的欲望。

在正常情況下，我們對於母親會自然有一種渴望、友好、接納、共同享受的態度。當母親離開的時候，我們相信她會回來。當她回來的時候，我們相信她依然會愛我們。這樣的一種相信，使得我們不光對於母親有這樣的依附欲望，對於他人可能也都會有一種自然而然的連結欲望。你可以想到，這樣的孩子長大之後，能夠比較容易形成一種親密的關係。由於他處於一種安全型的依附當中，他對於別人有一種恰如其分的連結欲望。

但是也有一些孩子，當他母親出去的時候，他可能沒有很明顯的反應，繼續玩自己的。這種情形，跟我剛剛所講的自閉還是不一樣的。當母親回來的時候，他可能也會比較漠然地看母親，並不太急於分享「媽媽，你不在的時候我做了這些」。他看起來抑制了對於母親的連結欲望，這樣一種依附叫作迴避型的依附。

在另外一種情形當中，當母親要離開的時候，他會非常焦慮。他會覺得必須加強與母親連結，才能夠使得母親留在身邊，所以他沒有辦法自己玩。當母親走後，他仍處於焦慮的狀態。當母親回來之後，他可能會哭泣，因為這時候他內心對母親的態度就沒那麼穩定了，可能有非常強的一種「什麼也做不了，也沒有辦法和母親回到一種共同玩耍的狀態」的感覺。他可能非常黏母親。

在這種情況下，你就會看到一種可能被過度啟動的連結欲望——「我就是要與你連結，連結之後做什麼我現在管不著，求你一定要和我連結上」。這種情形下孩子會非常焦慮，通常這樣的焦慮也能夠感染到他的母親，讓母親沒有辦法再次出去。

除了這兩種不那麼安全的依附——一種是抑制了連結的願望，一種是過度啟動了連結欲望——還有一類孩子會進入一種特別失控和紊亂的狀態。他時而拒絕，時而控制，時而氣憤，完全地進入一種紊亂的狀態。這時候，可能他的連結欲望進入一種忽大忽小、時有時無的狀態。通常，這樣的狀態對於孩子、母親都非常糟糕。

所以，我們需要留意自己與外在世界連結的欲望，它很大程度上與我們的第一撫養者母親有關。因為一開始母親就是世界的全部，或者說幾乎全部。這個世界究竟有多大？地球是圍著太陽轉，還是太陽圍著地球轉？這些知識對於孩子沒有用處。

我們需要利用這個依附的原型來理解成年人連結欲望的系統。我們會發現，在成年人的親密關係互動裡，經常會出現：如果我發一個訊息，對方沒有回，這個時候內心的戲就冒了出來。有些人會格外擔心，他會設想一些非常極端的事情發生在對方身上。比方說，對方是不是出車禍了，對方在這個世界上還存不存在。這類人對於他人是不是能夠持續地存在是沒有信任的。他可能跟對方獲得聯繫之後，首先就是確認對方在哪兒，當對方回答完的時候，他只要獲得一個定位，好像跟這個人的連結就已經實現了。他甚至不是那麼關心這個人在做什麼。

另外的一種情形比這種情形好像要高級一點，他會非常擔心對方對自己的態度是不是一如既往地穩定——你是不是仍然重視著我？你愛不愛我？你對我的態度有沒有發生什麼樣的變化？在這種情況下，他可能非常在意這個人回信之後的態度，並且非常敏銳地推測：你是不是不想跟我連結了？我是不是不好，讓你覺得跟我連結在一起是一件壞的事情？接下來他可能就會有一種想像當中的被拋棄感：對方不想跟我連結了，我接下來該怎麼辦？

這樣的來訪者，有時候可能會出現一種非常悲慘的意象：這個世界裡只有他一個人，所有的人都背對著他，或者所有的人都在他身邊走來走去，完全沒有意識到他的存在。他可能會非常自恨，接下來當他遇到心儀對象的時候，他沒有勇氣去連結。所以我們和這個世界能夠有一種健康的、不多不少的、比較有彈性的關聯，這其實是與他人能夠有能量、訊息和愛的交換的前提。

我們要看一看，平時跟人互動的時候，我究竟哪一部分特別渴望對方？當我渴望對方的時候，渴望對方什麼樣的態度？然後你再套用我前面所講的四種依附類型，就可以看到自己與他人的連結方式了。有些時候，外在的麻煩，其實說到底只不過是與人連結的麻煩而已，所以這個問題值得好好思考一番。

06

分離欲：成長是不斷地告別

#1分離欲與連結欲是辯證統一的。有連結必有分離。這種欲望貫穿我們一生。

#2從出生開始，分離也就開始了。

#3在人生各個階段可能都會出現一些心理問題，我們可以觀察是不是分離欲對我們的影響。

#4如果恐懼分離，很可能難以順利進入人生下一階段。

#5在晚年，我們更容易發現人生本就是充滿分離的。

#6實際上，死亡也不全是壞的，它的存在，意味分離的結束，某種意義上是完滿人生必不可缺的。

分離欲一定是存在的。理解這一點，對於中國人而言實在不是一件難事。因為我們知道萬事萬物有一種辯證統一性。如何理解這件事情呢？假設你從A地到B地，當你到達B地的時候，其實就跟B地連結了，對不對？但是這個時候，你一定是與A地分離了，要不然你怎麼出得去呢？所以你只要有新的連結行為，一定在不斷地發生著分離。其實成長這個過程，就是連結欲和分離欲不斷地共同發揮作用的過程。

大家在朋友圈中讀到的雞湯文，裡頭也會說「成長是不斷地告別」。它反而沒有強調成長是不斷地連結、不斷地到達、不斷地獲得。分離欲的確值得好好說一說。

當我們從母體當中出來，其實就跟母親的肉體分離了。子宮內的環境實在是太完美了，哪怕我們都不記得了，但是仍可以說這是所有幸福感的源頭，總的源頭。因為裡面什麼都有，就像天堂一樣，你想要的都會有，你的代謝廢物都會被排除。你一天天地長大，直到分娩的時候，你與母親就分離了。

在這個時候，你與你獨立的身體、獨自運行的系統連結的同時，與母親就分開了。一些心理學家會說出生其實就是一種創傷，所以幾乎所有的孩子呱呱墜地的時候都是哭的。

從起跑線開始，接下來他必須很快地繼續分離。比方說，在第一個月內，母親跟孩子之間的相連可以說簡直是子宮內環境的模擬。這個時候，母親全心全意地沉浸在這個新出生嬰兒的內在狀態裡，嬰兒所有的需求，母親都能神奇地立即滿足他，所以他完全不需要意識到外在世界的存在。但是過了幾週之後，母親的回應便不會是一開始的這種完美形式了，所以他就要與一開始的這種無比全能的嬰兒感發生分離。

在這之後，其實有一連串的分離。比方說斷奶，斷奶是一件很重要的事情，因為孩子出生之前是透過臍帶跟母親連結，孩子出生之後，口腔跟乳房之間這種吮吸哺乳的關係，就部分地代替了臍帶的功能。斷奶之後，連這一部分的關聯也沒有了。

斷奶意味著什麼呢？說明孩子不得不走上獨自的旅程了。我們前邊談到過食欲，食欲非常深刻的部分，其實就是在斷奶前後形成的。那麼，接下來他還要面臨分床、獨自排泄。再長大點後，他要獨自爬著去另外的一個房間，開始走路，進幼稚園。

進幼稚園的時候，要面對一個非常陌生的環境。他可能有半天到一整天的時間，沒有辦法見到自己的母親。在這個時候，你能夠在幼稚園的門口看到非常悲傷的、淒慘的孩子的表情。

所有對我們連續性的打斷，其實我們都不愛。可是，這種不斷分離，其實就是不斷地產生不連續感。正是因為這種不連續感，我們得以和母親乃至家庭之外的世界有越來越多的連結。所以，**這種不斷分離的欲望，其實就是不斷成長的欲望**。我們想與某件事情分離，這其實不完全是一件壞的事情。從大的方面來講，這就是不斷地分離、個體化的過程。

到青春期的時候，我們的分離欲望進一步加強。青春期有哪些重要的特徵呢？青春期會有派系行為（小團體）。從此之後，我認定自己的身分並不僅只於我是某某家的孩子、我爸爸是誰，而是我屬於哪個派系。

一開始非常重要的派系，就是男生一個派系，女生一個派系。再接下來，他們會有偶像崇拜的行為。這與派系行為其實是聯繫在一起的，因為崇拜同一個偶像的人，自然地就成了一個大的家庭或家族。

我記得，當年我在大學給一個中學生做家教的時候，一進他的房間，我驚呆了！在這個房間，你能看到的所有地方都是關於周杰倫的物品，從天花板，到床上的抱枕，到用的筆，到身上的衣服，到檯燈罩。在這個時候，透過對偶像的強烈認同，他進一步拉開了他與家庭的距離。一種自然的生長趨勢，使他把「某個家裡的孩子」的形象引向一種模擬的社會。這其實都是後來社會行為的一個小小的訓練。

在過了青春期之後，孩子就要面對大考。通常而言，大考之後他將去到離家比較遠的城市。我們會留意到，有些青少年是在大考前後出現精神心理問題的。其實這是因為他沒有辦法協調分離與連結的矛盾。他可能對於未來的世界充滿著恐懼，沒有辦法與之連結。也可能家庭存在著某種危機，他是麻煩的解決者，他不放心走，所以他被迫使自己陷於一個「我是家庭當中的孩子，我還不是一個準備走向社會的人」的角色，這就會誘發一種分離欲和連結欲之間的鬥爭狀態，會帶來一種心理上的問題。

在大學裡，很多人都加入社團，會參加一些社會活動。這使他們進一步與更廣泛的世界連結，同時也與孩子氣的部分分離，為接下來進入婚姻家庭做準備。

如果想婚姻能夠順利地進行，其實要有一個前提：婚姻中的雙方與各自的原生家庭分離的程度是夠的。這不代表他們跟原生家庭一副老死不相往來的樣子，或者說隔著大半個地球。他們完全可以在同一個城市，甚至同一個屋簷下，但是他們內心要有較高程度的分離。

當這種分離比較完善的時候，兩個人在一起就會結成一種比較輕鬆的、直接的關係。要不然的話，就像我在前面講家庭環節的時候所說的，「一張婚床上躺著六個人」。這裡頭的權力鬥爭就不可思議了。

所以，我們要進入一個家庭，其實前提是「出家」。注意，在這裡「出家」是代表使自我從原來的家庭當中分離出來。

其實，締結家庭之後就會生育。生育之後，其實我們也是告別自己的一個孩子身分，只要我們沒有生育，我們其實可以純然地在一個孩子的狀態。

當我們生育的時候，我們其實就告別了無憂無慮的「兩個人吃飽，全家人不操心」的狀態。很多人在這個階段，其實也會出現一些分離的問題。他沒有足夠的與這種孩子狀態分離的欲望，或者說對於將要到來的自己的孩子，沒有連結的勇氣。所以在這個時候又會出現一系列的問題。如果在這個問題的解決過程當中，人能夠進一步地與年輕單身或者未育狀態的自己很好地分離，他的人生就會進入一種更多的連結狀態當中。

自己當了父母之後，其實就被嵌入社會的一種基本單位裡頭了。由於我們社會的基本單位就是這樣一個家庭，借助於這種基本單位，透過孩子的圈子，你又跟其他的家長及老師廣泛連結。從一方面來說，這會使得人生的複雜程度空前增加。從另外一個角度而言，如果你能夠順利地過渡到這個階段，人生的豐富程度也就會比較高。

人生當中比較有挑戰性的環節，就是「上有老，下有小」的階段。在這個時候，你可能每天都要在不同的狀態之間切換。當這種切換發生的時候，其實你更加能夠換位思考，從他人的角度來思考問題。希望如此。

當這一部分發展目標達到之後，人生進入中年階段，然後又要面臨和自己父母的分離了。可能有早的、有晚的，但是終究我們會面對這樣的一種分離。很多來訪者，是由於面對與父母分離的時候，內心還有很多情結沒有修通，就會來諮詢。有些是自己的孩子將要重複當年自己離家求學的過程，來訪者可能也會受某些情結的影響。

當然，最終我們的人生慢慢就進入「晚成」階段[20]了。這意味著我們與自己健康的身體也在逐漸分離。生老病死，其實是一個自然的過程。早晚有一天，你會發現身體越來越不好。這時候，身體雖然並沒有立即進入朽壞的狀態，但其實也是一個不斷與自己的身體告別的過程。

這通常會激發一些中年危機或者老年危機，會帶來一些問題。當然了，如果我們能夠克服這些問題，那就可以進入人生的一個比較圓滿的階段。在這個時候由於我們的人生變得豐盈，所以對於分離不是特別恐懼了。

一個人到死亡的時候，他其實放下了很多在這世間的羈絆，只有在這種情況下，他才能夠達到一種自在的狀態。所以死亡並不是一件全然壞的事情，它裡頭包含了一種完滿、大自在的可能性。這個目標其實很難實現。但是，的確古往今來有很多人實現了這樣一種大自在。

20晚成：此處指晚年、有些成就的時候。源自「大器晚成」。

07

無欲：看似佛系卻不見得真的豁達

#1 無欲的情況中，不見得是我們達到了真的「無欲無求」的狀態，很可能是我們害怕自己的欲望。
#2 我們會害怕自己的食欲、性欲、權力欲、連結欲。
#3 無欲的表象下，一般是欲望的蟄伏。
#4 如果對欲望不停地壓抑、壓制，我們的生命自由度會越來越低。
#5 我們可以留意一下，自己是不是過上了一個看似佛系實則乾巴巴的生活。

看過無情那一節，再來看無欲這一節就會比較容易理解一點。很自然地，此處的無欲並不是真正地達到了得大自在的那種程度，而是這些欲望的流動受到了阻礙，這使得這個人的生命力沒有辦法體現出來。

提到生命力，好像很多人都會覺得這是一件好事。但是生命力的確有它陰影的面向。生命力同時也就意味著某種破壞力。

欲望其實既有生命力的部分，又有破壞力的部分，所以很多人對於自己的欲望持一種害怕的態度。這樣的害怕的態度，有時候是意識化的，有時候不是那麼意識化。

但是當「無欲」發生之後，你就會發現這個人慢慢地就變成一個看起來沒什麼欲望的人。就像是流行的「佛系」一詞一樣。

為什麼我們會害怕自己的欲望呢？因為欲望驅使著我們做事情，而驅使本身其實就是一種苦。如果你意識到的話，你就會發現，在隨欲望實踐自身的過程當中，這個人本身好像是一個工具一樣。

此前我們談過食欲，有時候，你大口地吃非常好的東西，但是過後你發現自己的肚子很難受，這個時候好像就是你身體的一部分在渴望這些美餐，但另外的部分在拒絕著。所以從食欲上就能夠看出，我們對於美食並不總是歡迎的態度。比較極端的情形就是厭食症。患有厭食症的病人對食物有一種深深的憎惡的感覺，這對於比較喜愛美食的人而言，完全無法理解。這其實就反映出一個人的自毀衝動已經占據了主流，想殺死自己的欲望這時候占據了主導地位。

吃是一種非常基本的維持生活的欲望，我們一旦在自己的生活當中遇到非常重要的事情，這種重要的事情可能會讓我們覺得性命攸關的時候，我們在吃上的欲望就會相對減少。很多人看中醫的時候，中醫總是要問你吃得怎麼樣，我們如果檢視自己的生活，看自己對於美食是否有著適中的欲望，就可以看到我們的身心體系對於外界的接納程度如何。因為這是最基本的攝取能量的方式。

其次是性欲，有些人對自己的性欲是否定的。對自己性欲否定，不見得沒有性行為。有時候甚至會走到一個禁欲的反面，他可能有非常多的性行為。但是如果你和他探討這個過程的感受的話，你會發現他缺少與性相關的愉悅。就像我們以前所說過的，性裡頭有與他人連結融合的欲望。如果一個人對於跟別人融合，或者甚至是簡單地連結，都感覺到畏懼的話，他也不會在身體的層面上去跟另外一個人太過糾纏、太過親近。

還有一些人非常擔心自己在性當中所具有的施虐的部分。這個並不僅僅限於男性，女性在自己的性體驗當中一樣可以體驗到施虐的部分。一個人在性當中體會到自己具有攻擊性，這一點可能與他長久以來對自己的認同不能夠和諧共存有關，所以他對性欲會有所拒絕。

而且，社會一方面非常鼓勵性欲能夠達成，另一方面它的條件卻不怎麼具備，有方方面面的原因，經濟的、社會的、道德的、風俗的、法律的，這就使得一些人乾脆否認自己有性欲算了。據說在日本，很多人就表現得像沒有性欲一樣。有些人由於比較強的「道德超我」，會把任何放縱欲望的行為都視為洪水猛獸。他們在日常生活當中非常禁欲。不過，如果你留意他的夢的話，就會發現他的夢可能揭示了他所壓抑的欲望的真相。

說完了我們可能會拒絕性欲而達到一種假性的無欲狀態的情況，再來說說權力。其實很多人也不追求權力。當然了，從人生境界的角度來說，一些人是真的覺得權力的有無完全無損於他們的完整和自在。另外一些人，其實是懼怕權力的。他會擔心自己擁有權力之後，自身一些破壞性、支配性的部分可能就會顯現出來。所以每當他即將擁有權力的時候，都會感到恐懼。他可能非常懼怕升遷，因為升遷將會使他擁有權力。

在他沒有權力的時候做不了的事情，有權力之後，他就有可能做到。他可能對於這種可能性會有一種很深的憂慮。所以他也會拒絕相信自己其實是想擁有權力的。這些人在職場當中可能是拒絕的。你會看到，他在另外的場合未必如此。他在家庭當中，可能非常渴求獲得權力。

對於權力的欲望也可以拒絕。有些人自己其實是做父母的，但是他覺得自己不應該行使父母管教孩子的權力。其實這也是對權力的一種拒絕，他不知道做父母本身的確擁有這樣的權力，而且要把這樣的權力用好。

還有一些人會在根本的層面上拒絕連結的欲望。他可能在自己的生活當中保存著非常底層的下線的連結。剩下的連結對他而言，從小處說是麻煩，從大處說像是一種有毒的東西。他們不見得是真正的自閉症患者，但是當他與人連結的時候，會有很多恐懼的感受。比方說，一些人對於和別人對視是有一種恐懼的。其實，與人連結會很自然地體現為目光的交流。在一般的社交場合當中，目光交流是很重要的禮儀。

但是，害怕目光交流的人，他可能會有兩種動力。第一，只要與別人的目光一連結，他就好像被別人所影響。就好像是他連到了一個不該連的 Wi-Fi 或者藍牙上。他會感覺到與對方的目光連結對他而言具有侵入性，所以他馬上要迴避開來。另外一個不敢與他人連結的原因是害怕。他覺得自己內心充滿了一些壞的、骯髒的、混亂的東西。他非常擔心，只要與別人連結，這些東西就會被別人發現。

我在自己的臨床當中，有時候就會問這一類來訪者：「當你和別人目光連結的時候，你是更擔心自己某些東西從這種連結裡出去，還是更擔心一些東西從外邊進來？」你會發現，對於這種連結的恐懼裡頭，其實是有兩種不一樣的動力的。他們會在生活當中盡可能地不與人連結。這個時候，他就保持一種自我內在相對平和的、不受影響的狀態。這樣一來，其實生活也就被局限在比較小的區域裡了。

我們如果想成長，其實需要與外在世界進行能量、物質、訊息的交換。交換也就意味著我們跟其他人肯定是有接觸的。當然我們講的與人接觸，並不是說你要使自己過分社會化，好像天天都在與人接觸。這些社交性的接觸，跟我剛剛所說的與人連結並不是一回事。有時候，社交性的接觸恰恰是作為一種防禦——「你看我已經與人有這麼多的交往，我其實不是一個自閉或者內向的人。這樣一來，我就不必面對混亂且孤獨的心了」。

你看，我們儘管存在著我剛剛所說的這一系列的欲望，但是由於一系列的挫折，我們也可能從欲望的世界裡撤回，表現得像是無欲無求一樣。人在這樣的狀態裡，有沒有達到自在呢？你不能說完全沒有。當他的生活處於外在比較穩定的情況下，可以達到一種自然的平衡狀態。

但是，當他的生活發生比較大的變化，比方說角色變化、環境變化、人生階段變化的時候，由於他沒有與外界有很好的能量交換，他很難從一個平衡平移到另外一個平衡那裡去。他的欲望其實也並沒有真正消失，而是在他的內心處於蟄伏的狀態。但由於很長時間沒有去看自己的欲望了，所以他完全沒有與之互動的經驗。當這些欲望在一個新的景況當中突然冒頭的時候，這會引起當事人巨大的驚慌。

一個人突然發現自己有很強的攻擊別人的欲望，一個人突然發現自己有非常強的性欲，可能是在原來的關係裡體驗不到的。這個時候，在驚慌之下，他就沒有辦法去整合這些欲望。他的心就會回撤到一個更小的區域。這帶來的後果就是，他對自己的欲望產生一種更深層次的壓抑乃至拒絕。如此一來，他的生命自由度越降越低，最後變成懸浮在這世界上的一枚繭一樣。

所以，我們談無欲的時候，一定要注意，可能對於大多數人而言，並沒有真正修煉到無欲無求的程度。這些人其實對自己的欲望很難看到真相，而且也沒有辦法學著與之互動，並且把它們整合到自己的整體人格當中去。其實存在著整合欲望、完善自身、得到小自在的可能性。但是需要留意，我們完全有可能背道而馳——過著一種佛系卻乾巴巴的生活。

下一節就是關於如何整合欲望的建議。

08

「欲」火重生

#1 我們被欲望折磨，想從欲望中解脫。或許我們可以借著欲望的力量獲得自在。
#2 欲望其實不是我們的敵人。所有使我們苦的東西，其實也像無盡的寶藏。
#3 我們可以透過欲望瞭解、探索自己的潛意識，看見自己的人生。
#4 人內在有許多部分，各部分之間的不協調會引發衝突。
#5 我們有能力看見自己內心的「眾生世界」，去接觸、傾聽、認可我們內心「眾生」的疾苦。
#6 欲望的自由來去，會幫助我們的人格變得越來越豐富、越來越有動態性。

當我開始要講如何從欲望當中解脫、「欲」火重生的時候，其實我覺得很為難。因為這樣的一個目標，我自己還遠未達到。但是我始終相信，我們是可以從欲望當中解脫的。

使我們不自在的東西，其實說到底就是欲望。如果父母不是對孩子有欲望，他們不會生下我們；如果我們不是對生活有欲望，就不會走上人生的旅程；如果我們不是對這個世界有欲望，便不會「侵入」它、「使用」它，然後與我們的同類競爭。而且，我相信大家其實也都是帶著欲望來閱讀這本書的。我也不知道，我所寫的這些東西有沒有使各位感到滿足，對各位有沒有用。

好像只要我們一有行動，就身處於欲望的洪流當中。我們被欲望所折磨，感到深深的痛苦。如果想從欲望當中解脫，我們必須學會像衝浪一樣，借著欲望抵達彼岸。

在這裡我想到了一位著名的波斯詩人魯米。他對於欲望是怎麼看的呢？他說的是：「我們應該迎著欲望而去，然後讓它像河水一樣漫過我們的身體，在一波一波的欲望中間，讓其轉化為無形。」我覺得他的很多想法，跟來自印度的其他思想，比方說印度教和佛教密宗的思想是一致的。

欲望說到底，不是我們的敵人。如果我們沒有食欲，我們的生命之鏈很早就已經斷裂；如果我們沒有性欲，生命之鏈也會止步於我們；如果我們對權力沒有任何欲望，我們完全無法形成一個井然有序、有著強大生產力的人類社會；如果我們沒有分離與連結的欲望，人其實就是各過各的，無法締結家庭，也無法形成各種深刻的關係。

所有使我們苦的東西，它們其實像無盡的寶藏一樣。

我曾經有位來訪者，他非常愛抽菸。但是，當時他的身體狀況使他不能夠很自然地抽菸，家人也不允許他抽。在這種情況下，他的內心充滿了痛苦。就像我們對於食物的渴求一樣，他對於他所熟悉的菸草有著同樣的渴求。但是當這樣的渴求被全力禁止的時候，他變得更加執拗。當他走在街上的時候，即使一個小店裡有一個不起眼的香菸櫃檯，他都能夠注意得到。其實也就是欲望能夠改變我們的認知，它會讓我們對渴望的東西提升注意的敏銳性。

所以當他努力地遏制自己抽菸的欲望時，相反他發現自己的生活當中充滿了菸。這反過來又加劇了他內心的衝突，因為他會感覺簡直要和一個驚天的大浪搏鬥。如此苦惱的時候，他來到我的諮詢室。

諮詢室一般是不讓人抽菸的，但是這天我突然建議他在這裡是可以抽一支的，但是要跟以往的抽法不一樣。這一次，並不僅僅是要迅速使自己的身心恢復一個熟悉的平衡，還要好好地看看自己親近菸、抽菸的過程。

接下來，我就等待著他。在每一個步驟之前，我都提醒著他觀察自己的內心。當他快要拿出菸的時候，他感覺到內心有巨大的空洞感。這個時候，在想像裡，彷彿煙霧能瞬間把它填滿，給予他溫暖，把他從孤獨、無助、被誤解的環境當中盡快地拯救出來。

當他開始把菸點著並開始抽的時候，他會有一種熟悉感。這種熟悉感彷彿是與自己的過去，生病之前的過去發生了連結。他會感覺在儀式化的行為當中，自己又變回了那個年紀輕輕的小夥子，無憂無慮地享受著菸草。他會發現在欲望裡又有一層與過去的關聯。

當開始抽的時候，他會有比較高程度的覺知（在臨床諮詢當中被反覆訓練的覺知），他會感覺到由於已經長久時間不被允許抽菸，他的身體會本能地排斥菸的味道，哪怕只是一點點排斥。這個時候他就會留意到：原來我不抽菸之後的身體已經達到了一個平衡，而身體現在其實也想維護這樣的平衡。

接下來，他在一種非常正念的狀態中抽了這支菸。其實，正是在一種相對而言，不那麼急促的一支又一支的抽菸狀態過程中，他內心恰恰產生了一個又一個的欲望。比方說，他希望自己被填充，比方說他希望自己被連結，比方說他希望身心保持著某種連續性和平衡性。

原來在欲望裡頭，居然有這麼多內容。可是，我們所生活的時代，像一把剪刀一樣。其中一片剪刀刃，逼迫著人要盡可能一支又一支地抽。而另一方面，又在菸盒上印上骷髏，或一張X光片，或一個肺癌病人潰爛的雙肺。這兩種行為都會使得人沒有辦法、沒有時機看一看自己的欲望。

我們之所以內心會有衝突，是由於我們內在並不是一個連成一片或者像一塊鐵板一樣的人格。我們的內心也像一個眾生世界一樣。在眾生當中，有些有著此種欲望，有些有著彼種欲望。

但有些時候我們就無法面對這樣一種亂糟糟的內在景況，會把我們整個人格交付給其中一個。

其實這只是我們內在的一部分。當它占據了主體的位置的時候，剩下的欲望其實都很豐富，但是就沒有機會表達了。所以，處在這樣狀態當中的人，他可能會覺得疑惑：「我明明在滿足欲望這方面沒有為自己設置任何障礙，為什麼內心會感覺到空虛且有如此強的一種不滿足感呢？」

就像「欲望」這個詞一樣，「欲」是欠谷，「望」要看著。為什麼我的內心仍然處於這種渴望的狀態呢?當然了，與這種狀態相反的一方面，就是否認自己的內心有這樣一個「眾生世界」——「我哪個都不聽，我哪個都不滿足，以免在我的內心帶來一場紛爭」。

我們如果對自己懷著深切的關懷，一種基於悲憫、尊重，同時也有束縛的關懷，我們應該像剛剛所說的這位來訪者一樣，使自己的生活稍稍慢下來，但並不是一個靜止的狀態。

這樣一來，我們在日常生活當中，有很多時候可以與我們內在的眾生欲望挨個打照面。我們像一個非常好的上級一樣，去傾聽我們內心「眾生」的疾苦。只有這樣，我們內在的每一部分才能被認可。當它們被認可時，就沒有必要像發生一場奪權的爭鬥一般，爭先恐後地進入行動的狀態。

而且，在與我們的欲望溝通當中，其實內心不同的欲望之間也就有了溝通的可能性。這就像你是一家之主，你非常耐心地和你家裡的每個成員溝通，久而久之家裡的成員其實是會相互溝通的。最後家和則萬事興。

我們內心其實也就像一個家一樣。我們要學會照料它，但是這種照料並非縱容，也並非禁止。

而是我們要挨個地與我們內在的欲望接觸、認可、連結，繼而把它整合到我們整體人格當中去。這樣一來，我們的整體人格會變得越來越豐富、越來越有動態性。

在這裡，我不由得又想起我精神上的偶像蘇東坡。他一生當中有很多經歷，我擔保各位讀者沒有經歷過，而且我也不希望你們經歷。但是他在每一種景況當中，都沒有採用「縱」或者「禁」的態度，而是真正地享受。他甚至把生活的苦難也視為一種無盡的寶藏。所以他把一生當中所有逆境的場合，黃州、惠州和儋州視為他人生的福地。正是在這樣一種相對貧乏的境遇裡、一種相對的飢餓狀態中，這時候他才有可能從別人的欲望體系中擺脫出來。

因為他在朝中的時候，他可能是在別人的欲望體系裡。哪怕那樣的欲望體系是善意的，但他可能終生無法做自己。但是在逆境當中，這時候沒有人指望他了，他有充足的時間與自己的欲望相處。

當然他也會感覺到飢餓，也會感覺到貧乏。當他在飢餓和貧乏狀態的時候，他相反更能夠融入與周遭的互動中，他更能夠從身邊的人和物當中攝取能量。有豬肉就吃豬肉，有荔枝就吃荔枝，有生蠔就吃生蠔，而且不光自己享用，他還把這樣的一種美好的東西分給外界。這樣一來，一種非常生動的欲望穿過了他、成就了他，並且使周遭的整個世界都進入一種自在的狀態。

雖然我目前完全沒有達到這樣的狀態，但是哪怕站在山腳，遙望山頂，我也覺得這是世間可追求之事。所以，我願意把這樣的一種有關自在的願望分享給大家，因為這也是一種很重要的欲望。

專欄

日常訓練法⑥

1. 你可以回頭看一看自己的人生軌跡，看它在什麼地方轉過怎樣的彎，它是否陡峭？然後你要思考一下，在這個彎當中，在人生的這個階段，哪些欲望是你的引擎呢？你甚至可以思考一下，什麼樣的欲望驅使著你來看這本書呢？

歲數	最明顯的欲望	為了這個欲望我做過什麼事情

2. 嘗試用正念的方式吃東西，充分感受、體驗吃的過程和味道。建議記下自己在吃的過程中，身體的反應和情緒的流動。

食物	身體的感覺、反應	心靈的體會、感受

3. 覺察自己想擁有的權力，哪些是導向自我實現，哪些是被塑造去實現別人的願望。

對生活中哪些事情我有權力欲、控制欲，想擁有話語權	我對此欲望的思考	這種權力欲是為了自我實現還是實現別人的願望

4. 自己平時跟人互動的時候，是在哪一部分特別渴望對方？可能是渴望得到回應，可能是渴望有人能聆聽，可能是希望得到讚賞，可能是希望有人陪伴……當自己渴望對方的時候，渴望對方是什麼樣的態度？

人際互動的對象	人際互動中，我渴望什麼	我希望對方是什麼樣的態度

第七章

心理困擾與自在

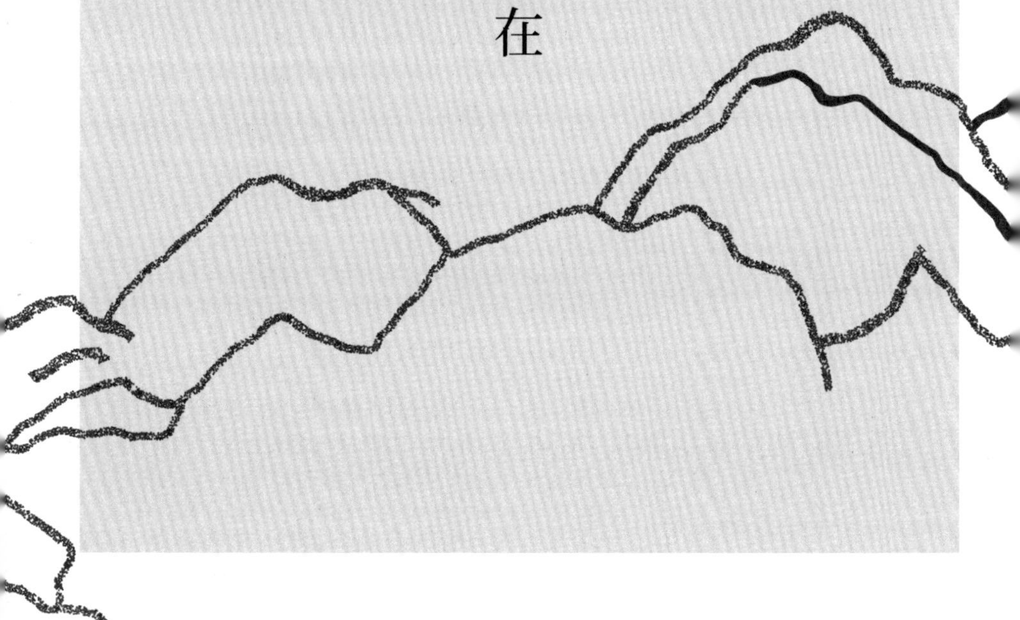

01

從心理問題中學會自在：覺得自己有心理問題怎麼辦

#1 我們在心理問題中也能夠學會獲得自在。所謂的心理問題，其實只是因為跟大多數人不同。實際上，每個人的人生也不需要一直都追求跟別人保持一致。

#2 心理問題解決之道是「病瑜伽」，其要點在於和自己的心病和諧、合一。

#3 把病看成是自己的一部分，更有利於我們從中認識自己，以獲得長遠的幫助。從這一點來看，越早發現自己的病越好。

#4 與病和諧相處並從中學習，也是一種歷練，能幫助我們邁向自在。

這一節要談的是：遇到心理問題怎麼辦？當然我們的結論是：在心理問題當中學會自在、求得自在。按理來說，這一節最好是放在第一章，但如果沒有前面的鋪墊，要理解接下來的內容其實是有一些難度的。

心理問題完全不是一件稀罕事，官方的數據都在。哪怕你不考慮官方數據，在自己朋友圈裡也經常會聽到。現在有關心理問題的病恥感其實已經降低很多了。我們發現，事實上被心理困擾所折磨的人很多。那如何界定心理問題呢？其實有很多個標準。一個比較強勢的標準就是統計學的標準：你跟大家都不一樣，你就是異常。哪怕大家其實也都挺異常的，但是他們異常的方向一致，所以他們就是常模。如果你跟他們不一樣，那就是你有病，而不是他們有病。對這種說法其實也比較難反駁，要不然你說什麼叫有問題，什麼叫沒問題。

當然，我們與這樣的說法要保持適當的距離。很多時候，我們身上這些所謂的異常之處，其實要麼本身就是超常之處，要麼將會發展成超常之處。

一個人遭受了一些心理方面的困擾，這給了他一個鍛煉心智、增加心量的機會。當他從這樣的問題當中恢復過來、解脫出來的時候，他的收穫是什麼呢？他的人生將擁有一種豐富性。一個人如果只是永遠待在正常人的行列裡，永遠在「常模加減一個標準差」[21]裡，那其實人生也挺沒勁的。

21 常模加減一個標準差：常模是統計學術語，可以簡單理解為正常的範圍；標準差是統計學術語，可以簡單理解為一個總體內部的差異程度。這句話的意思是說，在大家覺得基本正常的範圍內。

我這麼說真不是為了安慰各位。我陪很多人走過這段里程，所以想說：哪怕你精神和心理外顯的、可以測量的部分都在常模裡頭，但是還有一個很重要的標準，那就是你的主觀體驗。

主觀體驗這個東西，如人飲水，冷暖自知。有時別人覺得你很正常，甚至還羨慕你，但是你主觀上有一種困擾、不舒服的感覺是千真萬確的。當一個人主觀上感到難受的時候，才會去尋求幫助。幫助有很多種，吃藥是幫助，燒烤、擼串也是幫助。我所提供的幫助主要是什麼呢？

我提供一種叫作「病瑜伽」的東西。聽起來有點神祕，大家對瑜伽的想像可能都是在風景很好的地方，有一個很好的姿勢，這跟生病有什麼關係呢？每當我們有心理困擾的時候，就會對困擾這一部分有以下想法：「這不是我的，我不知道從哪兒來的，它好煩，快點幫我把它趕走。」瑜伽的本義是相應、合一的意思。所以我提供的這個藥方叫作「你要與你的病合一」。

你為什麼會感覺到不舒服？那就是你把心理上的困擾視為是異己的。通俗一點講就是你覺得它不是自己的。如果你在體驗層面上深刻地認識到它跟你是一體的，那你這些「一定要把它趕出去，欲除之而後快」的願望也就很自然地沒有了。

那麼「病瑜伽」是怎麼一回事呢？它有六句口訣，每一句裡頭都有「觀」字。我要拿出來先說說，所謂「觀自在」，你不觀怎麼自在呢？

第一句叫**以我觀病我有病**。觀來觀去，是我真的有病啊。認識到我們的確有心理問題，很困難。

儘管一些人都已經被診斷出來或者問題很嚴重，但是他仍然處於一種「但願我沒病」的心態。

談到「有」的時候，我要攤開來說一說。「你有著病」和「病有著你」是兩種不同的狀態，前者是你大病小，後者是病大你小。我們經常會在「病有著我們」的時候感覺到痛苦不堪，想趕緊反制、逃離。其實反覆看我們的病，最後就能夠看成「我有病」的狀態。我們跟病的關係就是：我觀你，我有你。不要小看這樣一句話，通常完成這樣的轉化，需要的時間是以年為單位的。

真正知道自己有病之後，其實就沒那麼折騰，沒那麼容易怪罪別人，也沒有那麼著急了。「你有著病」的背後有很多的原因，不是想去掉就能去掉的。

順口溜的第二句是**以病觀我病有我**。你如果好好地看自己的心理困擾，你會發現你的心理困擾像有獨立的生命一般。它們在折磨、折騰著你。它們時隱時現、忽大忽小，它們也像一個又一個的「我」一樣。這個時候，你就知道你得的病不簡單。比如一個人馬上要大考了，突然就心因性失明了，那接下來就不是怪自己準備不充分，而是怪失明了，儘管眼科和神經科的大夫都看不出毛病。

這個病就很有意思，很有心理學的象徵意義。你如果要在每一個症狀裡頭都能看出有一個主體在，這所需要的時間單位其實是以年計數的。很多人能夠完成前兩句，他已經很自在了。他自己無非就是生活在眾生中，也沒什麼大不了的。你看不看得見，其實它們都在。

第三句就高深一點：**我復觀病我是病**。看來看去，發現我的每個部分裡其實都有症狀的因素，甚至連自我也是被家庭情結塑造的。病是被家庭情結塑造的，我當然也是，所以我復觀病我是病。

然後，再站在病的角度來反觀我，便有了第四句：**病裡尋我病是我**。哪裡有病呢？這些其實都是你。這個時候，你就意識到，你不是一個連貫的、統一的、你以前所認為的清楚明白的個體。你很複雜，內部亂糟糟的，是一系列「眾生」的一個集合。

其實裡頭也沒有真正的主人，有時候，只不過你的病裡頭有一個比較強勢。生活景況換了之後，可能另外的一部分就強勢一點。好多人由於這種「交接」工作進行得比較風平浪靜，所以他沒有意識到自己其實在不斷地變化。就像是一艘船，比方說就叫「自在號」，從深圳出發，然後到了新加坡換了甲板，到了邦加羅爾換了船舷，又到了非洲東海岸換了桅杆，到了好望角可能引擎都得換了，然後再刷一遍漆，但它還是叫「自在號」，只不過換來換去，你沒有留意到而已。

接下來的第五句聽起來就很玄乎了，叫作**觀至病我不二時**。一會兒你以我觀病，一會兒你以病觀我，觀著觀著，這兩張圖就完全重合了。這個時候，沒有一個要治病的我，沒有一個要被治的病。因為已經沒有區別了。

接下來理解最後一句就不困難了，叫作**既無病來亦無我**。這時候已經不是小自在，而是大自在了。當然這個「餅」[22]很漂亮，但是目前還掛在天上。

所以一個人有心理方面的疾病或者問題，我內心，很不人道地，是有一些喜悅的。別人痛苦，你為什麼喜悅呢？其實這個時候可以轉化人生，以病為道，邁向自在之旅程就開啟了。這個情況下，你才能夠真正地做你生命的主人。因為你經歷了搏鬥，才有資格當船長，你有資格當船長，這艘船的名字才會以你命名。

而且，病發得越早其實越有利。一些青春期的孩子被愁眉苦臉的父母帶到諮詢室當中來。我首先要做的事情是，恭喜這對父母。謝天謝地，你們的孩子病發得比較早。

如果在父母的高壓政策下，孩子還能看起來一路正常地走下去，可能到了國外的名校，在那個情況下，他內心脆弱的部分才暴露出來。到那個時候孩子再憂鬱的話，所能獲得的資源相對而言就沒那麼好了。所以他的問題早發出來，那就早「維修」。這樣的話，他人生的一些隱患被提前給引爆了，這對於孩子終生而言都不是一件壞事，這可能有利於他找到比較滿意的事業，有比較滿意的婚姻。由於他內在經歷了這個過程，他擁有了小自在，所以他不大容易再折騰了。而且他對於外界逆境的一種抗逆力、復原力，會比沒有經過這一番鍛煉的孩子們要好。

當然，父母一開始是半信半疑的，你要陪著他們走過一段路，他們才會知道你所言不虛。

22餅：類似於「畫餅充飢」中的餅。此處指一種理想狀態，一般來說較難實現。

02

認識心理問題：ABCRS模型

#1 ABCRS模型是一個便於理解心理的模型。

#2 A是情感、B是行為、C是認知、R是關係、S是系統。我們的情感、行為、認知會互相影響，而這三者及其影響都包含在關係之中，被關係所塑造。

#3 心理諮詢的一個要點就是和諮詢師建立良好的關係，如此可以正向影響自己的情感、行為和認知。

#4 系統可以說是我們所處的大環境，對前面四個因素都有一定的影響。對於系統層面的問題，我們可以嘗試增加關係網來局部改變系統；也可以嘗試調整自己、找準自己的定位。

我在上一節中所提到的「病瑜伽」聽起來很高深，不太接地氣，所以我接下來要提供一點比較容易上手的東西，就是認識心理問題的一個模型。這個模型是大概十年前，我還在一家心理醫院工作的時候發展出來的，叫作ABCRS模型。

由於當時一下子接觸了很多個心理學流派的做法，所以會有一些衝突感。我會想，能不能把這些學派對於心理問題的認識整合起來。當時就做了一些嘗試。後來在自己不斷工作的基礎上又豐富了它。這一部分不光是針對專業工作者，對所有人其實都會有一個地圖式的作用。

接下來給大家挨個來講一講。首先你們在一張紙上畫一個圓，然後在這個圓的內部畫一個等邊三角形。其實就是一個等邊三角形，內接於一個正圓。然後在外邊再畫上一個同心圓，如果你沒有紙的話，在腦子裡畫一下也不難。三角形的頂點是A，左角是B，右角是C，內側的圓是R，外側的圓是S。賣了這麼多關子，分別是什麼呢？

這個A指的就是情感（affection）。它實在太重要了。那些來做諮詢的人，據統計百分之四十是有情緒困擾的。其實我們前面已經在情緒專節中講過，很難找到一個完全不受情緒影響的人。所以情感在我們地圖裡非常醒目的位置。一些人的問題主要表現在情緒方面的困擾，焦慮、憂鬱、恐懼，或者一些更複合的情緒，如羞恥感、悲傷感、孤獨感等。

B就是行為（behavior）。一些人情緒上沒有多大的問題，但他行為上比較麻煩。比方說他有成癮行為，為什麼會有成癮行為呢？待會兒我會跟大家講解。由於這個三角形是相互鎖定的，他可能正是為了不體驗自己情緒方面的一些困擾，才會用成癮行為來克服情緒上的困擾。一些人就會有成癮行為，一些人會有攻擊性行為。在家裡，他時不時就要動手。這個動手有些是自我協調的：「我就是打你怎麼著？」一些是自我不協調的：「其實我是不想動手的，但是每次一遇到這樣的情境，我不知道怎麼著就動手了。」可見，行為這一項上可能會存在很多問題。

C是什麼？C是認知（cognition）。其實這裡整合的就是認知行為學派的觀點。認知，有比較局部的認知，比方說自動性的思維，比如一上臺，馬上就頭腦一片空白。在你頭腦空白之前，你的腦子裡有飄過什麼話嗎？「我不行、我不行、我不行……」就有類似的像是咒語一般的自動思維飄過去。

如果你仔細檢視這些自動思維，你會發現這些自動思維都會收斂於四個核心信念。哪四個核心信念呢？我是不好的；我是沒用的；我是有罪的；世界是危險的。

三個是形容我的，一個是形容世界的。比如「我不行」，你是怎麼覺得「我不行」的呢？「我表現肯定不好。」「如果你表現不好，那就會怎樣？」「表現不好，下面就會哄堂大笑。」「如果別人一哄堂大笑，那你會怎麼著？」「我不行，我就是個沒用的人。」「你對於你是個沒用的人，相信程度有多少？」「這麼說吧，百分之九十九。」

這其實就是他有一系列的適應不良的認知。現在你能不能理解我把它們放在一個三角形當中的用意？這是由於行為會影響認知和情感，情感會影響認知和行為，而行為又同時會被認知和情感所影響。所以這個三角形裡頭你只要一動，剩下的就都動了。它們共同內接於一個叫作R的圓中。R是什麼呢？就是關係（relation）。我們剛剛所看的這些情感、行為和認知，其實都是被關係所塑造的。

你會發現，即使一個人有一種攻擊性行為，他也不是對所有人一視同仁地攻擊。即使他的自動思維是「我好糟」，他也不是在所有人的關係裡都覺得「我好糟」。

它們三者就像是被固定在關係的圓邊上。這個三角被關係這個圓所影響、所塑造、所規劃，這是從負面的角度來說的。從正面的角度而言，它也可以被關係所影響、所改變、所調整，變得自在。如果他跟一個比較自在的人待在一起，就會形成一種你自在，那我也自在的關係。當他在關係當中有了充分的自在體驗的時候，那麼他在三角形的三個點——情感、行為、認知上的異常可能自然地就消失了。

一個人去尋找心理諮詢，其實他內隱地相信自己在情感、認知和行為上的不適感，是可以在一個新型的關係裡被調整、矯正、接納的。一些來訪者會說：「你即使能改變我，你改變不了我的世界。我的世界裡我爸媽還是那樣。」那我就會回答：「我已經是你世界裡的一部分了。你的世界原來有這樣的關係，現在增加了一個新關係。一旦增加了這個關係，你這個三角形就得跟著動一動了。」所以這個關係，是我們心理發生變化的很重要的緣起。病是因關係而得的。怎麼治呢？那就是依關係來治。

最終，當他在跟我們的關係裡獲得自在之後，就學習到了：世界上不是所有的人都像我爸媽一樣，「普天之下皆你媽」？不是的。有人是不一樣的。而且在跟一個不一樣的人的互動當中，我也可以是不一樣的。我的體驗不一樣，我的行為不一樣，我的認知也不一樣。

這就是一個新的認知。接下來他對這個世界當中的其他人就會更有信心。這其實很自然地就到了外邊的S，也就是系統層（system）了。即使是關係，也是裝到系統這個大圈裡頭的。

這個系統包含的方面很廣，你的家庭、家族，你所接觸的宗族、文化，社會經濟情況、意識形態，其實全都在這個系統裡。這個系統對於你形成怎樣的關係，其實有一些預先的規劃。

有些人只是覺得自己有ABCR方面的問題，但他沒有意識到自己處於一個對他而言不利的系統當中。他沒有意識到這一點的時候，他就會把所有的過錯算在自己頭上。

我讀過一句這樣的話：「當你譴責自己之前，首先要確保你的身邊不都是傻子。」因為你完全可能吸收了系統當中負面的東西，然後把它算在自己的層面。有些時候，你本身並沒有什麼問題，重點是你沒有找到一個合適的系統，或者沒有在系統當中找到一個合適的位置。如果你的位置錯了，你整個ABCR這些部分全都被擠壓乃至碾壓，就會發生畸變，甚至破裂。所以有時候，這個諮詢工作的靶點在系統而不在內環。

其實當你接受心理方面的幫助，或者你僅僅是看一看這本書，你的系統就在發生變化，因為另外一個人，就像我，帶了我系統當中的一些視角、觀點、假設來了。哪怕你不接受，但是它對你的系統產生了擾動，這些就是可變的機會。

其實可以把ABCRS模型轉化為一張五爪圖，它有五個維度。當我們遇到一些心理問題的時候，可以自己做個記錄。你透過不斷地畫正字，你就知道你的問題主要在哪些方面。

你的問題主要在情感方面，這個爪子就會伸得很長。如果你的問題主要在行為方面，那你行為這一部分就很長。有一個很重要的口訣叫「天之道，損有餘而補不足」。如果你的行為方面特別長，而認知和情感方面很短，套用剛剛的公式，接下來的方案是什麼？

你需要對自己的行為做一些規範，以便把行為背後的認知和情感的部分給憋出來。最終，你這五個部分就比較均衡。這就是一個正常的狀態，一個動態當中的正常狀態。

一旦你完成了兩個圖的轉化，我相信在這個過程當中你已經有所領悟了：「為什麼我關係這一部分會如此短呢？是不是我的關係局限在一個很窄的方面？我有沒有去建設一個對自己而言比較有利的關係網？我是否病理性地忠誠於某一種關係？」這樣一來，我們前面所講過的四轉向心，其實已經在暗中增長了。

03

解決心理問題的三種方法

#1處理心理問題有三種途徑：與問題對抗、與問題對話、消融問題。

#2與問題對抗致力於消除症狀，但是當事人可能在潛意識裡仍舊保留著這個病，在這種時候，僅僅對抗是很難有真的療癒效果的。

#3與問題對話致力於找到癥結所在，以及症狀要傳遞的關鍵訊息。這樣有利於我們發現問題的真相，引導我們的生活。

#4消融問題致力於消除問題與正常的二元對立。我們不恐懼問題，也不貪戀某種所謂的幸福，這種對人生的各種可能性保持歡迎的態度，有利於我們獲得更透徹的療癒。

談完了認識心理問題的內容，我們有了一張把心理問題進行標記、定位的地圖。接下來應該怎麼解決呢？其實解決心理問題分成三種方法，或者說三個階段、三條途徑。第一條是與問題對抗；第二條是與問題對話；第三條是消解問題或者消融問題。

這並不僅僅是字面上看起來這麼簡單，什麼叫作與問題對抗呢？並不是說我們要與它進行一場戰爭才叫對抗，此處的對抗就是為了使之不存在，即你死我活。你哪兒不舒服，如果這個不舒服消除了，你可以說這個問題得到了消解。這是一種基於症狀的、以消除症狀為目標的思路。

有一個大的流派叫作基於循證的心理治療（實證心理治療）。那就是我們要把問題作為靶點，看看有什麼方法能夠使症狀減輕、消失。

放到上一節的模型當中，這個人如果有一些負面的情感、憂鬱的體驗，那針對憂鬱的體驗，我們就能夠做很多方面的工作。比方說我們要看一看憂鬱體驗背後的自動思維和核心信念，其實就是在情緒之外的認知那裡做工作；或者說我們要增強體育鍛煉的強度，並且增加社交活動，這其實就是在行為的方面來做工作；或者是我們聚焦於這個負面情緒本身，使它充分地被體驗，對它做一些聚焦的工作，可能憂鬱能量在聚焦的過程當中就被代謝掉了，這個人可能就沒有那麼憂鬱了。他在一些憂鬱的量表上得分可能會降低，達到一個正常值。這就代表我們與這個問題對抗獲得了成功。

如果是一個行為方面的問題，比方說酒癮的問題，那我們可以對酒癮這個問題採用行為上的矯正或干預。更多的時候，是在自己監控的條件下，對酗酒的行為進行干預。如果干預成功，人不像以前那麼依賴酒精的話，其實這個症狀就消除了。所以與問題對抗是以消除症狀為前提、為目標的。

很多人只要到諮詢室裡來，或者到精神科醫師那裡去，他會想盡可能地快點把症狀祛除，因為這個症狀是一個不受歡迎的異己物、一個生活的侵入者。所以，就像發燒了要退燒一樣，我們很自然地就想與之對抗。有些時候，我們的對抗是有效的。

有些時候，對抗效果並沒有那麼好，或者是一段時間比較好，過一段時間它又重新變回原來的樣子，或者是它會從一個領域到另外一個領域轉化。如果我對某一種東西有特殊恐懼症的話，可能經過一番與問題對抗的處理，對這種東西的恐懼就會消失。但是過一段時間，又會出現對另外一種東西感到恐懼和迴避的症狀。

當與問題對抗，不能獲得全域性、永久性的勝利的時候，我們就要思考：我們對問題的界定是否簡單了點？這會不會是一個比較系統性的問題？其實有很多因素影響著我們與問題的對抗能否成功。比方說形成症狀之後，這個人其實是有獲益的。說得簡單一點，他得病有得病的好處。如果他沒有這個心理問題，他身邊的其他成員可能就繼續以很高的標準要求他。

當他生了一個很有意思的病之後，周圍的人就會很自然地放鬆這種要求。如果是一個青春期的孩子，他可以以病為藉口不去上學。如果是一個成年人，他可能以病為理由不去工作。所以如果你三下五除二地把病給他消除了，他的權力就被削弱了。

請大家不要誤會，彷彿這個人又懶惰又奸詐，專門想作踐自己與他人對抗。其實不是的，他大多數的過程其實都是在無意識層面發生的。他壓根沒有策劃這件事情。

如果你去指責別人，或者是在這件事情上指責自己，會沒有效果，甚至適得其反。這是由於他所面臨的困難比承載這個疾病要難很多。所以，得一種心理上的障礙，反倒成了輕鬆的事情。因此，一個症狀可能不僅僅是這個症狀本身，它有可能傳遞出這個人更深刻的一種困局、一種絕望、與人連結的願望，或者是一種想做更真實的自己的願望。

在這種情況下，我們僅僅去與問題對抗，包括我們與自己的問題進行對抗，是不能夠獲得完全的成功的。我們可能還會損失掉這個症狀帶來的一系列深刻的意義。所以，我們要進入第二個階段，或者對待問題的第二種模式，我們要與問題對話。

我們要看一看，即使把這個問題視為一個麻煩，它其實也有自己的生命。在你的生活裡，它有誕生的時刻，它誕生之前有在你的生命裡孕育的時期。我們需要對你症狀的故事做一番細緻的研究，以弄清楚是怎麼回事。這樣一來，我們就不是急於幹掉這個心理問題，而是要與它對話。

我處理過很多中年危機的個案，他們其實一開始的訴求都很直接：「快點幫我消除症狀，或者幫我消除我孩子或者我配偶的症狀，我要重新回到無比成功的生活裡去。」在這個時候應該怎麼做呢？其實要不斷地刺激他的四轉向心，那就是**從外界轉向自己**、**從未來轉向過去**、**從行動轉向好奇**、**從實體轉向緣起**。當他的心能夠有較大程度的轉化的時候，他會對自己當前的障礙、困局有不一樣的看法。

他會隱隱地覺得在這樣的情況下出現這樣的問題，彷彿有著某種用意。他和自己的症狀、障礙對話得越多，他就會越來越覺得它真的不是一個簡單得像身體疾病一樣的疾病，它像是某個信使一樣，傳遞有關人生很重要的消息。有哪些消息呢？可能前半生的成功是在一種不斷地消耗生命能量以迎合他人這樣的前提下才有的。在此基礎之上，形成了一個病理性的自我結構。但是現在，這個結構有點搖搖欲墜了，也產生一些憂鬱的體驗，提不起勁來。

其實從積極的角度來講，這是進入了一種能量節省的模式。如果你在能量節省的模式下，非要強制性開機，有可能會損壞掉你的機器。它提示著你，不要這般竭澤而漁，提示你重新定向，為了能夠讓你重新定向，只好先打你一巴掌。所以，你越看自己的病，就越能看到自己生活其他方面的真相。這就是我們對待心理問題的第二種做法。

第三種做法比較徹底，在根本層面上消融了問題。這怎麼說呢？這並不是說我們要像鴕鳥一樣，把腦袋埋在沙裡——「我沒病，我一切都很好」。不是這樣的。而是我們對待心理障礙的態度發生了變化。我們不再把自己視為一個與問題對抗、對話的人，我們知道了生老病死是我們人生的有機整體。在這種情況下，我們沒有一種對心境特別平和、特別幸福這種狀態的貪念了。

因為我們一旦貪著這種快樂、輕鬆的狀態，那不快樂、不輕鬆的狀態就被我們視為有病的。我們便製造了二元對立。

當我們內心像一扇窗子一樣，庭前花開花落，天上雲捲雲舒，各種各樣的情緒和欲望，它們可以自由地來、自由地去的時候，其實我們也不再是一個問題的發現者、製造者、解決者。

我們現在受西方的文化影響很多，有些時候我們沒有留意到西方文化裡有一部分其實是先送來了病，然後才送來了藥。這是由於它在正常心理狀態和異常心理狀態之間，製造了一個刻板的對立。

其實這樣的對立，我們本身並沒有特別在意。所以我們一開始就先感染了一種「對立病」，接下來就變成「我是一個有問題的人，我要對付這個問題，我要變回正常」。

如果你內心的層面是這樣的內核，心理障礙肯定會像打不死的小強一樣，你可能要跟它做一輩子鬥爭了。所以，回到一種最高級的解決心理問題的方式，我們還是要回歸我們自己的傳統。這個傳統，是一個很大的容器，它所能夠容納的比你以為的要多，而且有一個非常豐富的精神世界會作為你的家園。

04

自在四願

#1願你體驗到你的存在，尊重自己，感受自己。

#2願你體驗到你存在的方方面面，你的生命可以很豐富，不僅是別人認可的方面，你的人生有多彩多元的方面。

#3願你體驗到更大的存在。這樣，病痛也只是生命長河及大千世界中的一小部分。

#4願你體驗到與更大存在的關聯。這個世界上不僅僅是你在受著苦，這個世界上有人懂你的苦，苦你所苦，而且能在苦裡看到光明並想把光明分享給你。

有關自在的四個願望，也叫自在四願。

中秋節也叫月亮節，或者叫作月餅節，它象徵著圓滿。當天上圓滿的時候，我們也期待人間處處是圓滿的。古往今來，有多少人期盼著中秋節的到來；有多少古人在這樣的一個日子裡，望著天上的月亮發出良好的祝願。在此書裡，我也希望和大家一起對我們的人生發出良好的祝願。

我們的第一個願望是：**願你體驗到你的存在**。我希望大家在內心也默默地念誦它，只不過把你改成我——「**願我體驗到我的存在**」。

我存在，難道真的是一件天經地義的事情嗎？其實不是。如果我們不希望自己存在的話，那我們可能真的就不存在了。或者說我們的存在是被異化的存在，只是對於他人而言的存在，甚至只是相當於別人的某種功能而存在。你作為一件有用的器物存在，但是沒人關注你的存在。所以，當我們發願的時候，第一個願望是：我存在，不僅如此，我要體驗我的存在。

我們第二個願望是：**願你體驗到你存在的方方面面**。當然，大家要把你置換成我——「**願我體驗到我存在的方方面面**」。

一些人並不是完全體驗不到自己的存在，但是他可能只能體驗到自己那些被社會所認可的、被家庭所認可的、被他人所肯定的存在。這一方面並不是假的，如果你沒有這一部分，那無論如何也不會體驗到它。但是，如果只體驗別人所認可的，我們就沒有辦法體驗到我們存在的方方面面了。

談到方方面面的時候，我更多指的是我們不那麼自在的方面。可能一個人在人前非常成功、非常幹練、非常決斷，可能在人後有很多其他的方方面面，可能比較悲傷、孤獨、憤怒、混亂，甚至比較不堪。

可以和你共同見證你存在的這一方面的人實在太少了，甚至連自己也沒有認可「這些方面是存在的，這些方面是我的，我應該以平等的心看待我存在的這些方面」。

我們在臨床工作當中，很多時候在幹什麼呢？我想說我們做的事情的本質其實就是和來訪者不斷地體驗他存在的方方面面。他跟A這個人連結的時候，他有與A相關的方面。當他與B連結的時候，有與B相關的方面，依此類推。不是這些方面會經常出現，或者是被他所歡迎、所接納，但是有時候遇到一些心理障礙，就逼迫著我們必須面對自己內心存在的方方面面。

我有一位來訪者，他本人是醫師。但是在他的夢中，卻經常是要殺人的。當白天的時候，他肯定願意認可自己作為一個醫師的存在。但夜晚的時候，這種不斷循環的夢，提示著：你不僅僅是醫師，你還有這樣的一個方面。

來訪者對這一部分越驚恐，越想壓抑它，這一部分的能量就變得越大，這樣的夢變得更加劇烈，甚至在白天也會闖入他的意識。

我們作為諮詢師，對於人類在內心作為攻擊者、破壞者的存在，相對而言要熟悉一些。所以我們就有勇氣和他一起，一點又一點地面對。當他能夠體驗到存在的方方面面的時候，他會感覺自己內在是豐富的。當他內在豐富的時候，他對這個世界就會有更多參與的興趣。他在這個世界中的自由度將變大。

談到世界，我們要談談第三個願望：**願你體驗到更大的存在**。

我們的心，往往只能容納它所習以為常的：我們看得見的、摸得著的叫存在，天天見的叫存在，不經常見的這些就不存在。所以當一種疾病、一種心靈的痛苦到來的時候，它就會不斷地向你證明它比你大。你和它對抗的時候，招數可能不斷地升級，但是也趕不上對方變強的程度。所以，只要人一生病，就知道自己不是這個世界的主人。這個病就比他大。

我們前面已經談到過，我們在病當中可以看到病也是眾生存在的形態。病彷彿有某種神聖性，它連結著通往我們內心的不熟悉的方方面面。透過病，我們自然就會知道，這個世界上還有很多更大的存在。我們就會生起一種敬畏心。

有一個影片是關於我們在宇宙當中的位置，從一個很小的區域出發，接下來是亞洲、地球、地月系、太陽系、銀河系，乃至於銀河系都變成背景上的一個點。當你知道存在之外另有存在的時候，那個被你看得天一般大的煩惱，它在如此大的背景下，自然就變渺小了。

我們在一起，發出第四個願望：**願你體驗到你與更大存在的關聯**。儘管我們在宇宙當中很小，連微塵都算不上。可是，我們和這些可見的、不可見的、局部的、整體的存在是連結在一起的。

儘管我寫到這裡的時候，還不知道各位是誰，你們在哪裡，你們透過什麼樣的機緣瞭解到這樣的一本書，但是我感覺到我和你們彷彿一開始就已連結了。我所有的來訪者和所有的老師，連結成一個整體。那就是，這個世界上不僅僅是你在受著苦，這個世界上有人懂你的苦，苦著你的苦，在你的苦裡能夠看到光明，並且想把這樣的光明分享給你。

這樣一來，在黑暗當中，一盞又一盞的燈就逐漸亮了起來，我們就能夠見到越來越多更大的存在。當我們看到的時候，其實就與更大的存在連結了。

這樣一來，我們作為主體，體驗到巨大的孤獨。而在這種孤獨的背景下，我們其實體驗到與這個世界無比廣泛、深刻、細膩、豐富的關聯。這樣一來，我們的心就變大了。

當我們看著天上的月亮的時候，我們知道它照亮、啟發過無數的人。透過月亮，我們和無數的人想要圓滿、自在的願望就連結起來。這樣的願望從小願變成大願，我們的心也就隨之廣大。可以說，我這本書的用意便在於此。

宋朝有位思想家叫張載，他的名句之一是「大其心，則能體天下之物」。我把它翻譯成英文是「Enlarge your mind, embody the world」。當你的心能夠變大的時候，你的種種不自在，就不再是你的敵人，它們只是這宇宙的一部分，就像月亮一樣，有陰晴圓缺，有自己的規律。我們人其實就有悲歡離合。就像蘇軾所說的一樣，「人有悲歡離合，月有陰晴圓缺，此事古難全」。原來，這種不隨我意的變化，本身就是這個世界的一部分。

我們的心情的確猶如這天上的月亮。當圓滿的時候，有圓滿的美。缺的時候，其實月亮還是月亮。我們要體驗月亮的方方面面，也要體驗我們心的方方面面。所以，在本書即將收筆之時，我希望和各位一起共用這四個願望，並且使這些願望的種子在內心被我們好好地照料，以便它長成大樹，庇蔭我們。

希望大家都能夠獲得屬於自己的那份自在。

專欄

日常訓練法⑦

1. 在紙上畫出文中提到的ＡＢＣＲＳ模型（以下圖為示例，你可以做更詳細的批註）。

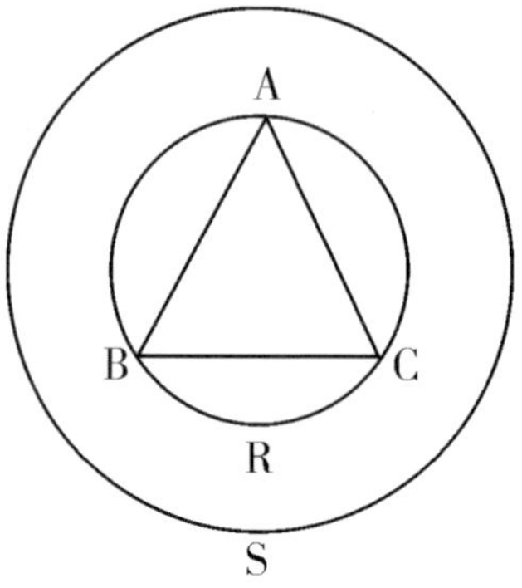

2. 當對這個模型有一個直觀的認識之後，記錄自己的心情檔案，看看自己的自在和不自在可以歸類到哪個因素中。

3.統計各個部分的頻率（可畫正字統計）。

維度	A情感	B行為	C認知	R關係	S系統
統計					

日期	遇到的或回憶到的事情、我的心情	歸類到哪個維度

後記

由於疫情的關係，近日我禁足於室內，所以有時間讀了讀這部由即興口述整理而成的書稿，並寫下此篇後記。說實話，我很期待這本書盡快與大家見面，因為連我自己都從這次閱讀中受益匪淺。

二〇一二年十二月三十一日博士畢業論文答辯那天，我的學院內讀書生涯畫上了句號。由於畢業後沒有選擇在體制內工作，所以對於博導讓我把博士論文《心理治療的哲學研究》整理成書的要求一拖再拖，拖到今天也沒下文。我的確有讀書的衝動，沒有多少寫書的衝動。天下的好書已經太多了，每天都有數不清的出版物問世，就連自己專業內的新書我都看不完，甚至連瀏覽一遍目錄都是個任務，所以本人實在不想給各位添麻煩。

然而緣分真是不可思議。武志紅兄約我在他的平臺上講一門面向大眾的課，一開始我談不上多熱心。心理諮詢與治療是我的專長，在這個專業範圍內我已經比較勝任了，對於面對大眾則不是很有信心，也沒有什麼經驗。然而他和他的團隊的請求很是誠懇，專門請我去了一趟他在廣州的寓所，四個人泡上茶慢慢交心。我原本的計畫是按照《易經》的六十四卦來講，一個卦一個主題講一節，聊開後發現這個想法很不現實。《易經》對於今天的大眾而言早已經不是「通識」的一部分，這種講法估計「賣不動課」。武兄和他團隊的小孔、小鄭並沒有被我的迂腐弄得失去耐心，我們差不多又溝通了兩週才形成了這個系列的大綱，雙方都有不小的讓步，也應了我文中提到的「你我說了都不算，但不妨礙磨出一個好課」的「積極悲觀主義」理念。

錄課對我而言是輕鬆自在的。我的確有這方面的天分，即便是專業課或專業會議，我也不備課或準備文稿，基本上全是即興發揮的。你要問我有沒有什麼祕訣，那只能說是「信任自己的無意識」。每次錄課時，進入書房關好門窗，點一支不賴的沉香，泡上一壺熟悉的岩茶，然後打開錄音筆就開始了。我一會兒坐在椅子上，一會兒在房間內踱步，所以未處理的音訊上還有我喝茶的聲音及在木地板上的腳步聲。音訊檔一個個發過去，我的師弟鄭海龍親自轉錄整理，大大保證了準確性。然後就是請我的幾位老師寫推薦語，除去武志紅兄親自寫的推薦，我的老師們鐘年教授、吳和鳴教授、曾奇峰醫師、王浩威醫師都「布施」了不少溢美之詞，讀起來令人臉紅。

課程上架之後，我會在後臺看聽眾的評論，這是個意外的收穫。平臺上放出來的一般都是積極的評論，後臺可以看到一些有意思的評論，比如說我的聲音難聽、語速太慢……這些都是「煉心自在」的機會。我既然來講自在心理學這個主題，那這課也是講給我自己聽的，品讀這些比較「火辣」的評論正是活用自己理論的機會。好在平時在臨床工作中已經把神經鍛煉得比較大條，所以並不會記掛在心裡。寫這篇後記的時候，我又登入了後臺瀏覽了一下評論，發現居然還有新的。

有聽眾評論道——

體驗自己的存在，體驗自己存在的方方面面，體驗自己更大的存在，體驗自己與更大存在的關聯」，是張老師講課的發願，更是聽者從這個課程中應當收穫的真諦。人的生命不僅僅是肉體和精神，還包括了與這個世界方方面面的關聯。所有的感知、情緒、欲望、認知都與我們同方方面面的事物連結這一行為密切相關。在聽到張老師講「連結」這個問題時，我已然感到自己與張老師奇妙地連結了。透過這門課程的學習，我體察到自己認知思維的改變，逐漸認識到人的存在就是與方方面面連結，要用一種平和的心態接納它，生命才會變得自在。

又有聽眾評論道——

聽到最後一講，彷彿蘇軾衣袂飄飄遨遊於宇宙天際，吟哦〈水調歌頭〉。世界浩瀚廣大，自在無窮，慈悲無上，有點點淚光在心海閃爍匯成亙古宇宙，歸於寂靜。感恩！

說實話，讀這樣的話語頗為受用。我們都是期待心靈連結的，期待被「懂」的。我並不奢望所有讀者都喜歡本書，即便是在我看來，它也遠非完美。可是真實的力量遠大於完美的力量，寫這本書只能說是做到問心無愧了。

花城出版社的林宋瑜女士從這門課程的聽眾之一，變為本書的策劃編輯；我的學生楊醉文為此書精心創作了插畫。需要感謝的人還有很多，這裡就一併謝過吧。願各位平安自在！

張沛超

二〇二〇年三月十日於香港島

愿你得以觉照内心的阴霾，
愿你能够获得属于自己的那份自在。

張沛超

圖／楊醉文

國家圖書館出版品預行編目 (CIP) 資料

過好一個你說了不算的人生：未必事事如意，依然天天開心！現代人必修的自在心理學 42 講 / 張沛超著 . -- 初版 . -- 新北市：方舟文化，遠足文化事業股份有限公司，2021.08
面；　公分 . -- (心靈方舟 ; 32)
ISBN 978-986-06779-1-1(平裝)
1. 心理治療

178.8　　　　110010331

心靈方舟 0032
過好一個你說了不算的人生
未必事事如意，依然天天開心！現代人必修的自在心理學 42 講

作者 張沛超
封面設計 王瓊瑤
內頁設計 黃馨慧
內頁插畫 楊醉文
主編 邱昌昊
總編輯 林淑雯

出版者 方舟文化／遠足文化事業股份有限公司
發行 遠足文化事業股份有限公司
231 新北市新店區民權路 108-2 號 9 樓
電話：（02）2218-1417
傳真：（02）8667-1851
劃撥帳號：19504465　戶名：遠足文化事業股份有限公司
客服專線：0800-221-029　E-MAIL：service@bookrep.com.tw
網站 www.bookrep.com.tw
印製 通南彩印股份有限公司　電話：（02）2221-3532
法律顧問 華洋法律事務所　蘇文生律師
定價 380 元
初版一刷 2021 年 8 月

讀書共和國出版集團
社長 郭重興
發行人兼出版總監 曾大福
業務平臺總經理 李雪麗
業務平臺副總經理 李復民
實體通路協理 林詩富
網路暨海外通路協理 張鑫峰
特販通路協理 陳綺瑩
實體通路經理 陳志峰
印務 江域平、黃禮賢、林文義、李孟儒

方舟文化官方網站　方舟文化讀者回函